Schirner Verlag

In diesem Büchlein werden Sie auf eine spannende Entdeckungsreise mitgenommen: zu den spirituellen Anteilen unserer Erbanlagen. Der erfahrene Autor Peter Ruppel beschreibt Faszinierendes und Wichtiges zur Transformation 2012 – und Sie werden die Welt anschließend in einem ganz neuen Licht sehen … Wir alle haben das Potenzial, aktiv an unserer DNS zu arbeiten.

Peter Ruppel wurde in Frankfurt am Main geboren. Er studierte Betriebswirtschaft in Köln und München, und in Göttingen promovierte er in Sozialpsychologie. Er arbeitete mehrere Jahre als „Assistant Professor" der Betriebswirtschaft und Kommunikationswissenschaften an einer amerikanischen Universität.
Nach seiner Rückkehr nach Deutschland war er bei einer internationalen IT-Firma im Management beschäftigt. Anfang der 1980er-Jahre gründete er eine Firma für medizinische Software, in der er bis 2002 als Geschäftsführer tätig war.
Peter Ruppel beschäftigt sich seit über 30 Jahren intensiv mit Esoterik und studierte bei mehreren spirituellen Lehrern und Meistern. 2003 gründete er das Internet-Projekt STARservice, eine Datenbank für Veranstaltungen mit dem Thema Körper, Geist und Seele, und leitet dieses nach wie vor. Heute lebt er in München und hat bereits mehrere Bücher veröffentlicht.

Peter Ruppel

Aktivierung der DNS

Transformation 2012

Schirner Verlag

ISBN 978-3-89767-913-9

Peter Ruppel:
Aktivierung der DNS
Transformation 2012

Umschlag: Murat Karaçay, Schirner,
unter Verwendung des Bildes
Nr. 8815843, fotoflash
Redaktion: Heike Wietelmann & Rudolf Garski, Schirner
Satz: Rudolf Garski, Schirner
Printed by: FINIDR, Czech Republic

www.schirner.com

1. Auflage 2010

Inhalt

1. Einleitung

Mit dem Begriff DNS bezeichnet man das Erbgut des Menschen, auf das die Fähigkeiten und Eigenschaften zurückzuführen sind, die man vererbt bekommt. Diese stehen im Gegensatz zu denjenigen, die im Laufe des Lebens angeeignet bzw. die durch Umwelteinflüsse und Sozialisierung erworben werden. Im Allgemeinen geht man davon aus, dass die ererbten Fähigkeiten grundsätzlich konstant sind, also im Laufe des Lebens vom Menschen selbst nicht verändert oder weiterentwickelt werden können.

Die Unterscheidung zwischen ererbten und erworbenen Eigenschaften wird in der Wissenschaft sehr strikt gehandhabt und gilt als unüberbrückbar. Der Anteil der Eigenschaften, die man bei der Geburt mitbringt, wird von der wissenschaftlichen Forschung nicht immer gleich groß eingestuft. Manchmal wird der ererbte Anteil höher und dann auch wieder geringer eingeschätzt. Angesichts der Potenzial-Entwicklungsschübe, die uns Menschen im Zusammenhang mit der Transformation 2012 bevorstehen, sollte diese rigorose Trennung zwischen ererbten und erworbenen Eigenschaften aufgegeben werden, da sie ohnehin nicht mehr haltbar ist.
DNS ist die Abkürzung für das schwierig auszusprechende chemische Makromolekül Desoxyribonukleinsäure. Im Englischen findet man die Bezeichnung DNA, hierbei steht das „A" für *acid* (das englische Wort für Säure). Dieses Makromolekül hat eine besondere Struktur, auf die ich noch ausführlich eingehen werde. Sowohl die Struktur als auch die Funktion der DNS sind von der Wissenschaft in einem spektakulären Wettrennen erforscht und beschrieben worden. Auch darauf soll in diesem Buch kurz eingegangen werden.

Von esoterischer Seite ist immer wieder zu hören, dass der menschliche Körper zwar über zwölf DNS-Stränge verfüge, wir aber nur einen einzigen, doppelten DNS-Strang nutzen und die übrigen elf brachliegen würden.

Die Wissenschaft fragt sich, weshalb große Teile der DNS (97 Prozent) nicht genutzt werden, und vermutet, dass diese nicht genutzten Teile ein nicht mehr benötigtes Relikt aus der Entwicklungsgeschichte des Menschen seien.

Die Erkenntnisse der Esoteriker beruhen weitgehend auf Intuition, die der Wissenschaft gründen sich auf Experimente und Beobachtung. Die Aussagen beider Seiten müssen sehr kritisch hinterfragt werden, doch vermutlich beschreiben sie das gleiche Phänomen – jeweils aus einer anderen Perspektive.

Zunächst steht also die Frage im Raum, weshalb die Erbanlagen „unvollständig“ sind bzw. weshalb sie nicht vollständig genutzt werden. Die Natur geht bei ihrer Entwicklung sehr ökonomisch und zielorientiert vor.

Warum sollte eine so perfekte Anlage wie die DNS nur teilweise genutzt werden? Und welche Hoffnungen haben wir, die nicht genutzten Teile der DNS wieder zu nutzen?

Nehmen Sie sich die Zeit, und begeben Sie sich mit diesem Büchlein auf die Lesereise. Anschließend werden Sie die Welt mit anderen Augen ansehen.

2. Mit Gregor Mendel fing alles an

Als Kaiserin Elisabeth von Österreich nach der Geburt ihrer zweiten Tochter Gisela von ihrem Gatten Kaiser Franz Josef beglückwünscht wurde, soll sie geantwortet haben: „Ich habe wieder versagt und statt eines Thronfolgers nur eine Tochter zur Welt gebracht." Einer ihrer Untertanen, der Augustinermönch Gregor Mendel, hatte sich zu diesem Zeitpunkt, genauer gesagt im Jahre 1856, schon sehr intensiv mit den Gesetzmäßigkeiten der Vererbung beschäftigt. Seine Methodik des Forschens kann man auch nach heutigen Maßstäben exakt und wissenschaftlich nennen, und seine Ergebnisse haben immer noch Gültigkeit.

Vater der Genetik

In der Klostergärtnerei der Abtei St. Thomas in Brünn, in der Provinz Mähren im heutigen Tschechien, hatte Gregor Mendel Gartenerbsen gezüchtet und untereinander gekreuzt. Die Ergebnisse seiner Beobachtungen notierte er akribisch. Seine Experimente waren weit anspruchsvoller, als man es von einem Gartenbau betreibenden Mönch erwartet hätte.
Mendel hatte zuvor in Wien bei dem Physiker Christian Doppler (dem Entdecker des akustischen Dopplereffekts) mathematische Methoden und statistische Techniken studiert, die ihm bei der Auswertung seiner genetischen Beobachtungen von großem Nutzen waren.
Bei seinen Kreuzungsversuchen richtete Mendel seine Aufmerksamkeit auf die Vererbung von insgesamt sieben Merkmalen. Jedes Merkmal konnte in zwei unterschiedlichen Varianten auftreten:

- Die Schote der Erbsen konnte grün oder gelb sein.
- Die Schote konnte eine glatte oder eine gewellte Kante haben.
- Die Schale der Erbse konnte farbig oder weiß sein.

- Der Samen, die eigentliche Erbse, konnte eine glatte oder schrumpelige Haut haben.
- Die Erbse konnte innen grün oder gelb sein.
- Die Stängel der Stauden konnten lang und kahl oder kurz und buschig sein.
- Die Blüten konnten an der Spitze der Stauden oder an den Seiten stehen.

Da Erbsen sich selbst bestäuben, konnte davon ausgegangen werden, dass alle Stammerbsen reinrassig, also nicht gekreuzt waren.
Mendel begann nun damit, die Erbsen zu kreuzen, indem er z. B. den Blütenstaub der Erbsen mit gelber Schote auf die Erbsen mit grünen Schoten übertrug. Zunächst erwartete er, dass bei einer solchen Kreuzung der Nachkömmling aus einer Mischfarbe bestehen würde. Die Nachkommen der ersten Generation waren jedoch alle grün.
Auch hinsichtlich der anderen sechs Merkmale traten nie Mischungen der jeweiligen Eigenschaften in der ersten Generation auf: Es dominierte jeweils ein Merkmal über das andere. Erst in der folgenden Generation konnte ein unterdrücktes (rezessives) Merkmal (z. B. die gelbe Farbe) wieder beobachtet werden. Dabei zeigten sich dominante und rezessive Merkmale im Verhältnis 3 zu 1. Auch alle anderen sechs Merkmale zeigten entsprechende Ergebnisse der Kreuzungen.

Daraus zog Mendel den Schluss: Alle Erbanlagen sind in der Elterngeneration jeweils doppelt vorhanden. Durch den Prozess der Kreuzung bzw. der Befruchtung erhält der Nachkomme je einen Erbteil vom Vater und einen Teil von der Mutter, somit sind auch beim Sprössling alle Erbanlagen doppelt vorhanden.
Diese mischen sich nicht, sondern ein Erbmerkmal dominiert über das andere. Die grüne Farbe der Schote zum Beispiel erwies sich als dominant und die gelbe Farbe als rezessiv. Ein rezessives Merkmal kann sich frühestens in der Generation der Enkel durchsetzen, nämlich dann, wenn es doppelt vorhanden ist. Nebenstehende Tabelle 1 zeigt diesen Sachverhalt.
Die dominante Erbanlage „grün“ kennzeichnete Mendel mit Versalien (hier A) und die rezessiven Anlagen „gelb“ mit Minuskeln (hier a). Aus Tabelle 1 wird ersichtlich:

1. Alle Kinder haben die gleiche Erbausstattung (Aa).
2. Erst bei den Enkelkindern kann die Anlage mit zwei rezessiven Erbanlagen (aa) auftreten und dann erst kann das rezessive Merkmal erscheinen (z. B. die gelbe Färbung).
3. Grüne und gelbe Erbsenschoten treten im Verhältnis 3:1 auf.

Dominante und rezessive Erbanlagen

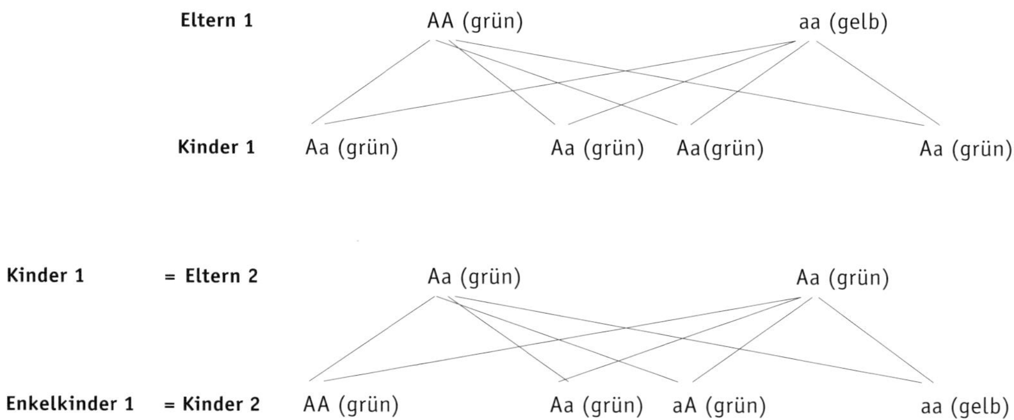

Tabelle 1

Seine Ergebnisse veröffentlichte Mendel im Jahre 1866. Die Fachwelt schenkte seinen Entdeckungen keine Aufmerksamkeit. Erst 40 Jahre später, also nach seinem Tod, wurden seine Forschungen anerkannt. Heute gilt er als der „Vater" der Genetik.
Chromosomen und Gene waren Mendel noch unbekannt. Diese wurden erst von seinen Nachfolgern entdeckt, die jedoch erst zu Beginn des 20. Jahrhunderts mit ihren Forschungen begannen.

Die Ergebnisse der Wissenschaft

Anfang des 20. Jahrhunderts vermutete man zunächst, dass die Trägersubstanz der Erbinformationen die Proteine seien, später vermutete man, dass die Enzyme oder Aminosäuren diese Funktion innehätten. Wie heute bekannt ist, spielen all diese Stoffe zwar eine Rolle, die eigentlich ausschlaggebenden Informationen befinden sich jedoch in den Genen.
Ich möchte nun auf die Struktur und die Funktion der menschlichen Zelle und dann auf die darin enthaltenen Erbinformationen eingehen.
Die menschliche Zelle ist ein selbstständig lebender Organismus, der durch Zellteilung entsteht und nach einer bestimmten Zeit wieder abstirbt. Zellen können sehr unterschiedliche

Funktionen erfüllen, z. B. als Muskel-, Nerven-, Blut- und Gehirnzellen. Eine Zelle wird von einer abgrenzenden und isolierenden Membran umgeben. Innerhalb der Membran befindet sich eine Flüssigkeit, Zytoplasma genannt, in der der Zellkern schwimmt. Im Zytoplasma befinden sich neben dem Zellkern noch weitere Stoffe und Zellorgane. Im Zellkern selbst befinden sich, gut geschützt, die Chromosomen.

Die Chromosomen treten paarweise auf und bestehen für jede Gattung von Lebewesen aus einer konstanten Anzahl. Beim Menschen besteht ein kompletter Satz aus 23 paarig angeordneten Chromosomen, also aus insgesamt 46 einzelnen Chromosomen. Im Unterschied zum Menschen hat die Fruchtfliege *Drosophila melanogaster* nur vier Chromosomenpaare. Ihre Erbstruktur ist am besten von allen Tieren untersucht.

Die Vererbung bzw. die Weitergabe der Anlagen erfolgt über die Keimzellen – beim Menschen sind dies die Eizelle und das Spermium. Bei der Bildung einer Keimzelle werden die Chromosomensätze geteilt, wobei sowohl die weibliche als auch die männliche Keimzelle jeweils nur über einen einfachen Satz verfügen. Nach der Befruchtung sind in der Zelle des Nachkömmlings also wieder 46 Chromosomen vorhanden.

Die Biologen erstellen mittlerweile „Landkarten", anhand derer man ablesen kann, welches Chromosom für eine bestimmte Eigenschaft zuständig ist. Die Zuordnungen erfolgen in der Regel nicht 1 zu 1. Es gibt Eigenschaften, die durch mehrere

Chromosome bestimmt werden, und umgekehrt kann auch ein Chromosom für mehrere Eigenschaften zuständig sein.
Das Geschlecht eines Menschen wird durch das X- und das Y-Chromosom bestimmt. Eine Frau verfügt über zwei X-Chromosome (XX) – und kann daher bei der Vererbung auch nur ein X-Chromosom weitergeben. Ein Mann verfügt über eine Kombination von einem X- mit einem Y-Chromosom (XY) – und kann daher entweder ein X- oder ein Y-Chromosom weitergeben. Ein Kind kann somit entweder die Kombination (XX) erhalten, wodurch es ein Mädchen wird, oder die Kombination (XY), dann wird es ein Junge. Daher bestimmt das Sperma des Mannes das Geschlecht seines Kindes.
Diese Erkenntnis hätte Sissi, so der Kosename der Kaiserin Elisabeth, bestimmt mit Freuden vernommen, denn es hätte ihr die Bürde abgenommen, einem männlichen Thronfolger das Leben schenken zu müssen.

Nur die Merkmale des Erscheinungsbildes eines Menschen werden durch die Chromosomen bestimmt. Die Genetiker nennen dies Phänotyp. Das Erscheinungsbild eines Menschen ist aber nur ein geringer Teil der ganzen Persönlichkeit. Wo also sind seine Fähigkeiten und Talente verschlüsselt, woher erhält er seine Leistungskraft und Gesundheit oder wo ist sein Schicksal kodiert? Die einfache Antwort „vererbt" oder „erworben" kann diese Fragen nicht mehr zufriedenstellend beantworten.

Nobelpreise im Dutzend

Thomas Hunt Morgan war ein Experimentalzoologe an der Columbia Universität in New York. Er konnte nachweisen, dass die von Mendel entdeckten Vererbungsgesetze auch für Tiere Gültigkeit besaßen. Im Jahre 1933 wurde er für seine Forschungen mit dem Nobelpreis ausgezeichnet. Das war nicht der erste Nobelpreis für die Genetik und auch noch lange nicht der letzte.

Für seine Experimente verwendete Morgan *Drosophila melanogaster,* die Schwarzbäuchige Taufliege. Sie war für diese Untersuchungen vorzüglich geeignet, da ihr Entwicklungszyklus vom Ei über die Larve bis zur ausgewachsenen Fliege nur zwölf Tage benötigt. (Diese Fliege ist auch als Fruchtfliege bekannt, und wir alle wissen, wie schnell diese kleinen Fliegen entstehen.)

Die Fruchtfliege hat – vergleichbar den Mendelschen Erbsen – markante und eindeutige Merkmale. Untersucht wurden unter anderem die Augenfarbe, die Flügellänge und die Körperfarbe.

Durch Hunts Forschungsergebnisse wurden die Gesetze der Vererbung bestätigt und später auch ins Allgemeinwissen übernommen. Offen blieb jedoch die Frage, wo die Erbinformationen verschlüsselt liegen. Es wurde z. B. diskutiert, ob Proteine, die sich außerhalb des Zellkerns befinden, die Trä-

ger der Erbinformationen seien, oder ob die Informationen im Zellkern selbst lägen.
Oswald Avery vom Rockefeller Research Institut gelang ein weiterer Forschungsdurchbruch mit der Erkenntnis, dass sich in den Chromosomen ein sehr großes Molekül namens Desoxyribonukleinsäure befindet (besser bekannt unter der Abkürzung DNS). Der Ausdruck DNS beschreibt die chemische Zusammensetzung dieses Riesenmoleküls. Auf diesem Molekül, wie wir später noch sehen werden, befinden sich die Gene, welche die Träger der Erbinformationen sind.
Die DNS kann man in chemischen Verfahren gut isolieren und auch sichtbar machen. Es ist aufregend zu sehen, wie in einem Glas mit Flüssigkeit, in der die Zellen gelöst sind, deren DNS extrahiert werden soll, nach kurzen chemischen Manipulationen eine milchige, gallertartige Masse entsteht. Diese kann man dem Gefäß entnehmen und wie einen dicken Faden bis zu einen Meter in die Länge ziehen. Alles ist mit bloßem Auge, ohne Mikroskop, leicht sichtbar.
Dieser DNS-Strang ist kunstvoll und eng zusammengerollt und stellt den eigentlichen Inhalt der Chromosomen dar. Die Informationen auf diesem Strang sind mikroskopisch klein und enthalten Millionen von Informationseinheiten. Wie diese organisiert sind, wird später noch detaillierter beschrieben.
Zuvor noch einiges zur Struktur der DNS. Die bedeutsamsten unter den Nobelpreisträgern für Genetik sind James Watson

und Francis Crick. Sie erhielten 1962 den Preis für die Entdeckung des strukturellen Aufbaus der DNS, der Doppelhelix. Mit der Beschreibung der Doppelhelix konnten sie sich in das Geschichtsbuch der Genforschung eintragen.
Die Erstveröffentlichung von Watsons und Cricks Ergebnissen erfolgte überstürzt im Jahre 1953 in der angesehenen Zeitschrift *Nature* in einem nur eine Seite umfassenden Aufsatz. Die Monate vor der Veröffentlichung arbeiteten die beiden Genforscher gemeinsam mit zwei Kollegen fieberhaft im Cavendish Laboratory an der Universität von Cambridge, um den Wettlauf der Erstveröffentlichung nicht zu verlieren.
Linus Pauling nämlich, ein amerikanischer Forscher, arbeitete an der gleichen Fragestellung und hatte einige Wochen zuvor sein DNS-Modell schon publiziert, das aus drei statt aus zwei Spiralen bestand. Watson und Crick erkannten oder vermuteten, dass Pauling mit seiner Theorie völlig falsch lag, und wollten ihr Modell der Öffentlichkeit vorstellen, ehe Pauling seinen Fehler erkannte und mit einer korrigierten Fassung herauskommen würde. Auf Linus Pauling werden wir zu einem späteren Zeitpunkt noch einmal zurückkommen.
Die Struktur des DNS-Moleküls ist also eine doppelte Spirale (Doppelhelix). Stellen Sie sich diese wie eine Strickleiter vor, die in sich gewunden ist.
Jetzt müssen wir uns noch mit den in der DNS abgelegten Informationen befassen: Welche Informationen werden ge-

speichert? Wie erfolgt die Kodierung? Und wie können diese Inhalte abgerufen werden?

Auf der Suche nach den Genen

Zurück zum Modell der Strickleiter: Der seitliche Strang besteht abwechselnd aus einem Phosphat- und einem Zuckerkomplex. Auf der gegenüberliegenden Seite, also dem anderen Strang der Strickleiter befinden sich die gleichen Bausteine, jedoch in umgekehrter Reihenfolge. Durch den Phosphat- und den Zuckerkomplex werden die Seitenteile der Strickleiter gebildet. Diese Einzelheiten sind an sich nicht so wichtig, es hilft uns lediglich in unserer Vorstellung, dass es sich hier um ein großes, komplexes Molekül handelt.

Es gibt die vier folgenden Basen, die auch als Nukleotide bezeichnet werden: Guanin (G), Cytosin (C), Adenin (A) und Thymin (T). Jeweils zwei dieser vier Basen bilden eine Leitersprosse. Es gibt nur fixe Kombinationen, die darin bestehen, dass ein G nur mit einem C und ein A nur mit einem T zusammen auf einer Sprosse auftreten kann.

(Die hier angesprochene Leitersprosse, ist natürlich keine richtige Leitersprosse, sondern sie ist ein Vorstellungshilfe.)

Die folgende Tabelle 2 soll dies verdeutlichen.

Die DNS-Doppelhelix im Zellkern

G	A	G	C	A	A	C	T	T	C	G	A	A	A	C	A	T	G
C	T	C	G	T	T	G	A	A	G	C	T	T	T	G	T	A	C

Tabelle 2

Aufgrund der eben genannten Gesetzmäßigkeit der Anordnung der Basenpaare (Nukleotide) würde zur vollständigen Informationsweitergabe ein Strang, also entweder der in der Tabelle oben oder der unten dargestellte Teil der Doppelhelix ausreichen. Denn ein G bedingt ein C und ein A ein T und vice versa ein C ein G und ein T ein A.

Ein Strang des DNS-Doppelstrangs ist folglich redundant, also überflüssig, da er sich immer aus dem anderen Teil rekonstruieren lässt. Daraus ergibt sich unter dem Aspekt der Datensicherheit ein großer Vorteil: Werden Teile der Doppelhelix zerstört oder falsch weitergegeben, so kann der ursprüngliche Zustand erfolgreich rekonstruiert werden.

Es gibt Enzyme, die die Aufgabe haben, sich an der DNS entlangzuhangeln und diese auf ihre Richtigkeit hin zu überprüfen. Im Bedarfsfall werden dann Reparaturen durchgeführt. Nach welchen Kriterien das Enzym diese Korrekturen durchführt, lässt sich noch nicht genau sagen. Ich könnte mir gut vorstellen, dass es eine Art übergeordnete Datenbank gibt, auf die das Enzym für seine Reparaturarbeiten zurückgreifen kann.

Die DNS, der wertvolle Informationsträger für zukünftiges Leben, liegt also gut abgesichert im Zellkern. Nun gilt es, den Fragen nachzugehen, wie diese Erbinformationen genutzt und an die Nachfolgegeneration weitergereicht werden.

Bei der geschlechtlichen Fortpflanzung erfolgt dies, wie bereits dargestellt, über die Teilung der beiden elterlichen Chromosomensätze. Der eine Teil wird über die Eizelle und der andere Teil über den männlichen Samen weitergereicht. Nach der Befruchtung erfolgt alles weitere Wachstum nur noch durch Zellteilung.

Die DNS-Doppelhelix (wie in Tabelle 2 schematisch dargestellt) wird längs in der Mitte durchgetrennt, und jede der beiden Hälften ergänzt für sich die fehlende Hälfte. Daraus resultiert eine Verdopplung der konsistenten Erbinformationen, und jeder Teil bildet wiederum die Grundlage einer neuen Zelle.

Wie werden nun die Erbinformationen in der Doppelhelix kodiert? Und wie können diese wieder ausgelesen und verwendet werden?

Zunächst noch ein Hinweis zum Sicherheitskonzept der DNS. Das Auslesen des Informationsinhaltes der DNS wird nicht mit dem DNS-Strang im Zellkern durchgeführt, sondern es wird eine Kopie erstellt. Diesen Vorgang bezeichnen die Genetiker als Transkription. Dabei erfolgt eine Abschrift in die Ribonukleinsäure (RNS), die sich außerhalb des Zellkerns befindet. Erst wenn diese Vorgänge abgeschlossen sind, werden mit Enzymen die Erbinformationen ausgelesen.

Durch die Nutzung von Arbeitskopien wird die Originalmatrize – die DNS – geschont, und Fehler werden minimiert. Wenn ich hier von „schreiben“, „kopieren“ und „lesen“ spreche, sind das analoge Begriffe, die uns geläufig sind. Die eigentlichen Vorgänge sind elektro-chemische Prozesse, die für uns nicht so verständlich bzw. anschaulich sind.

In Tabelle 3 ist der untere Teil der Doppelhelix aus Tabelle 2 abgebildet. Alle weiteren Verarbeitungsvorgänge erfolgen jetzt mit dieser Kopie außerhalb des Zellkerns, während das Original im Zellkern sicher behütet aufbewahrt wird.

RNS außerhalb des Zellkerns (= Arbeitskopie der DNS)

AUG	C T C	G T T	G A A	G C T	T T G	T A C	UAA
Start-Merkmal	LEU	VAL	GLU	ALA	LEU	TYR	Stopp-Merkmal

Tabelle 3

Für die Beschreibung der Erbinformationen müssen wir uns den Verschlüsselungscode etwas näher anschauen. Die Basenpaare der DNS kodieren, in Dreierpacks (auch Triplets genannt), Aminosäuren oder genauer Ketten von Aminosäuren. Es gibt insgesamt 20 Aminosäuren, aus denen Ketten von unterschiedlicher Länge gebildet werden. Jede Aminosäurekette steht für ein Protein, das vom menschlichen Körper benötigen wird.

Die Dekodierung der Aminosäuren verläuft folgendermaßen: Eine Informationsstelle auf der Doppelhelix – in unserer Terminologie ist dies eine der Basen, die auf der Sprosse der Strickleiter einen Platz besetzt – kann eine der vier folgenden Bezeichnungen haben: Guanin (G), Cytosin (C), Adenin (A) oder Thymin (T).

Bei zwei Informationsstellen ergeben sich 4 mal 4, also 16 Kombinationsmöglichkeiten. Bei drei Informationsstellen kommt man bereits auf 4 mal 4 mal 4, also 64 Kombinationsmöglichkeiten, die zur Identifizierung einer Aminosäure genutzt werden können.

Da es nur 20 Aminosäuren gibt, reichen drei Informationsstellen (ein Triplet) aus, um eine Aminosäure eindeutig zu identifizieren. In Tabelle 3 sind die Abkürzungen für die Aminosäuren in der untersten Reihe aufgeführt, und darüber sind pro Aminosäure drei Informationsstellen angeordnet, die jeweils mit einer der vier Basen belegt sind. Es kann zum

Beispiel die Aminosäure Leucin (LEU) mit CTC oder die Aminosäure Valin (VAL) mit GTT gekennzeichnet werden.
Da nur 20 Aminosäuren zu bestimmen sind, es jedoch 64 Kodierungsmöglichkeiten gibt, sind für manche Aminosäuren verschiedene Kodierungen möglich. (Zum Beispiel kann Leucin neben CTC auch mit CTT, CTA oder CTG definiert werden.) Die Aminosäureketten können sehr verschiedenartig zusammengesetzt sein, zudem können sie auch unterschiedlich lang sein. Zur genauen Abgrenzung einer Kette benötigt man ein Merkmal für den Start und eines für das Ende der Kette. Mit der Folge der drei Basen Adenin (A), Uracil (U) und Guanin (G) wird der Start und mit der Folge Uracil (U), Adenin (A) und nochmals Adenin (A) wird das Ende einer Kette gekennzeichnet (siehe auch Tabelle 3, in der eine komplette Aminosäurekette wiedergegeben wird). Für die Genetiker ist damit die Arbeit abgeschlossen und für die Biologen beginnt jetzt erst richtig die Forschungsarbeit. Sie müssen die zugehörigen Proteine identifizieren und deren biologische Funktionen beschreiben.
Die Sequenz der Nukleotide, die die einzelnen Aminosäure-Ketten kodieren, ist völlig erforscht und beschrieben. Damit ist auch die Zusammensetzung jedes Gens in seinem chemischen Bestand bekannt. Diese Gesamtheit aller Gene wird als das Genom bezeichnet. Das Wissen um den chemischen Aufbau ist nur der erste Schritt, der aber für sich nicht viel

aussagt. Es ist eine rein analytische Fleißarbeit gigantischen Umfanges, die aber keinen großen Erkenntniswert hat.
Bildlich gesprochen: Was bringt es an Erkenntnis, wenn man alle Buchstaben und deren Reihenfolge in einem Buch kennt, aber nur einen geringen Teil der Wörter lesen und verstehen kann? So ist die Lage heute in der Genforschung. Lassen Sie sich nicht von den veröffentlichten praktischen Anwendungserfolgen blenden: Diesen sogenannten Erfolgen stehen viele schreckliche Misserfolge gegenüber, die weitgehend verheimlicht werden. Auch die sogenannten Erfolge bedürfen noch der Überprüfung hinsichtlich ihrer Nachhaltigkeit und ihrer etwaigen Langzeitnebenwirkungen.
Es gilt auch als eine wissenschaftliche Erkenntnis, dass wir nur drei Prozent unserer DNS benötigen. Der Rest wird als Relikt bezeichnet – oder auch abfällig als Junk-DNS (zu englisch *junk* „Abfall, Müll").
Der Grund für die Annahme, dass nur drei Prozent der DNS genutzt würden, ist folgender: Auf der DNS der Originalkodierung im Zellkern sind alle Positionen eindeutig mit einem der vier Basenpaare besetzt. Bei der Transkription zeigt sich bei der Kopie, dass große Teile nicht weitergegeben werden und auch nicht eindeutig mit einer Start- und einer Stopp-Kodierung gekennzeichnet sind. Es gibt also große Abschnitte auf der Doppelhelix, auf denen sich keine Informationen befinden.

Hinsichtlich der Bedeutung des ungenutzten Teils der DNS gibt es wenige Veröffentlichungen und es wird auch kaum darüber diskutiert. Vielleicht handelt es sich hierbei um die anderen elf DNS-Stränge, die von der esoterischen Szene seit Barbara Maciniaks Buch *Boten des neuen Morgens* immer wieder erwähnt werden. Diese Stränge seien noch inaktiv und würden erst in der Zukunft vom Menschen genutzt werden können, lautet oft die Aussage.

Haben die 97 Prozent der ungenutzten DNS, die auf der Doppelhelix identifiziert werden können, eine Platzhalterfunktion für zukünftige Nutzung oder sind sie ein nicht mehr benötigtes Relikt aus vergangener Evolution?

Oder handelt es sich hier um einen Eingriff, den man wie folgt beschreiben könnte: Dem Menschen seien Teile seiner DNS stillgelegt worden, um ihn vor sich selbst zu schützen. Der Mensch solle erst ein gewisses moralisches Niveau erreichen, bevor er über sein komplettes Paket an Fähigkeiten verfügen dürfe.

Um diesen Fragen weiter nachzugehen, ist es erforderlich, sich die Evolution des Menschen näher anzuschauen.

3. Was wissen wir über die Evolution des Menschen?

Auf die Frage, wie die Evolution des Menschen erfolgt sein könnte, gibt es aus zwei sehr gegensätzlichen Lagern eine Antwort. Die eine kommt aus dem Bereich der Wissenschaft und basiert primär auf den Forschungsergebnissen des Engländers Charles Darwin. Die andere stützt sich auf die christliche Bibel, insbesondere auf das Alte Testament. Beide Evolutionstheorien finden überzeugte Anhänger, und es wird vehement gestritten. Daher möchte ich beide Theorien kurz vorstellen und dann ausführen, wo ihre Schwächen liegen.

Die Theorie Charles Darwins zur Evolution

Charles Darwin war ein Zeitgenosse von Gregor Mendel, dem Begründer der Vererbungslehre. Im Jahre 1859 wurde Darwins Hauptwerk *On the Origin of Species* (deutscher Titel *Die Entstehung der Arten*) veröffentlicht. Darwin erklärte die Entstehung neuer Arten im Tierreich anhand von Mutation und Auslese. Seine Theorie, mit einigen Kernsätzen formuliert, lautet wie folgt:

- Sämtliche Lebewesen haben in der Regel mehr Nachwuchs, als ihre Umgebung ernähren kann. Daher besteht ein ständiger Überlebenskampf (englisch *struggle for life*). Diese Gedanken gehen auf Thomas Malthus zurück, nach dessen Bevölkerungstheorie das Nahrungsangebot linear ansteigt, während die Bevölkerung exponentiell wächst.
- Durch zufällige Mutationen treten unterschiedliche Anlagen in Erscheinung. Wenn sich eine dieser Anlagen unter den gegebenen Lebensumständen als günstig erweist, können die betroffenen Individuen mehr Nachkommen

ernähren. Dadurch setzt sich diese Mutation bevorzugt durch (englisch *survival of the fittest*). *Bekanntestes Beispiel hierfür sind die sogenannten Darwinfinken, die auf getrennten Inseln (den Galapagos-Inseln) leben und grundsätzlich identisch sind bis auf die Größe und die Form ihrer Schnäbel. Eine Gruppe lebt vorwiegend von Nüssen und hat daher starke und große Schnäbel entwickelt, um diese Nüsse auch knacken zu können. Ihre Artgenossen auf einer anderen Insel ernähren sich von Körnern und haben somit einen kleinen zierlichen Schnabel ausgebildet. Eine dritte Gruppe wiederum bevorzugt Insekten und verfügt daher über einen Schnabel, der für das Aufpicken der winzigen Lebewesen geeignet ist.*

- Durch lang anhaltende Isolation bzw. durch Entwicklung aufgrund von Anpassung an die jeweiligen Lebensumstände sind auf den verschiedenen Kontinenten die diversen Arten und Gattungen entstanden. Daher können selbst die unterschiedlichsten Tiere, wie z. B. Schimpanse, Adler und Krokodil, ursprünglich auf einen gemeinsamen Vorfahren zurückgeführt werden.

Darwins Theorien wurden direkt nach Veröffentlichung auf das Heftigste kritisiert und bekämpft. Die akademische Welt übernahm jedoch mehr und mehr die Denkrichtung der Evolutionstheorie, die mit der Zeit zu einem Dogma wurde. Auch im allgemeinen politischen Denken entstand der Zwang zur Konformität mit Darwins Theorien.

Meine Meinung über den Wissenschaftler Darwin habe ich allerdings durch meine Studien zu diesem Büchlein zu seinen Gunsten revidiert, nicht aufgrund seiner Theorien, sondern wegen seines aufrechten, integeren und großzügigen Charakters.

Darwin unternahm in seiner Jugend eine fünfjährige Forschungsreise (1831-1836) nach Südamerika und dann um die ganze Welt auf einem Segelschoner. Diese Reise war extrem beschwerlich, und er war großen Entbehrungen ausgesetzt, die auch die Ursache für seine späteren chronisch auftretenden Krankheiten und diversen Leiden waren. Zugleich boten ihm die Reisen aber auch die Gelegenheit, sich mit Fleiß und Ausdauer der Beobachtung von Pflanzen, Tieren und der geologischen Strukturen zu widmen.

Seine Entdeckungen und die von der Weltreise mitgebrachten Studienobjekte teilte er freigiebig mit seinen Kollegen, die diese auswerteten und damit Lorbeeren ernteten, im Gegenzug aber auch zu treuen Anhängern seiner Person und seiner Lehre wurden. Darwin ging es um die Forschung an sich, und weil er selbst im Zweifel an seinen Theorien blieb, suchte er unaufhaltsam (bis zu seinem Lebensende) nach Beweisen.

Sehr viele Erkenntnisse auf den Gebieten der Botanik, Biologie und Geologie gehen auf seine genauen Beobachtungen und präzisen Beschreibungen zurück. Sich an der Diskussion über seine Evolutionstheorie zu beteiligen, vermied er, und er überließ in vornehmer englischer Manier den anderen das Argumentieren und Streiten.

In meinen Augen sind der Ruhm und die Anerkennung, die ihm schon zu Lebzeiten entgegengebracht wurden, berechtigt – jedoch nur für sein redliches Bemühen um Erkenntnisse, nicht für seine Evolutionstheorie.

Die Kernaussagen der Darwinschen Evolutionstheorie haben sich nach ihm viele Wissenschaftler und Theoretiker auf die Fahne geschrieben. Mit der Philosophie, dass *struggle for survival* und *survival of the fittest* unumstößliche Naturprinzipien seien, ließen sich aggressives Machtstreben der Unternehmer und der Staatsmänner rechtfertigen. Darwins Theorien dienen oft unbewusst zur Rechtfertigung dafür, dass Kolonialisierung von Völkern, Kriege um Ressourcen und die rücksichtslose Globalisierung angeblich einen natürlichen Prozess darstellen.

Darwins Theorie ist zu einem Selbstläufer, zu einem gesellschaftlich anerkannten Dogma geworden. Sie hat jedoch ein großes Defizit, und damit meine ich nicht die Kritik am Detail, den noch nicht gefundenen Zwischengliedern der Entwicklung (den sogenannten *missing links*) zwischen dem Menschen und seinen Vorgängern oder gar dem Tierreich.

Die Mangelhaftigkeit von Darwins Theorie besteht darin, dass sie nicht berücksichtigt, dass in unserer dreidimensionalen

Welt nichts von selbst geschieht. Schon gar nicht, wenn etwas Intelligentes und Nützliches dabei herauskommen soll. Alles hat einen Schöpfer, einen Geist, der es zuvor erdacht hat. Ein Haus braucht einen Architekten, eine Firma einen Chef, ein Auto einen Ingenieur. Aber der Mensch, ein geniales und komplexes Produkt, soll von selbst auf diesem Planeten entstanden sein. Darwins Theorie ist eine rein materialistische, der zufolge der Mensch nur aus seinem Körper besteht. Der Mensch ist aber nicht sein Körper, sondern er hat einen Körper. Wo bleiben in Darwins Theorie also Seele, und Geist? Damit ist es an der Zeit, sich den Antworten der Bibel zuzuwenden.

Evolutionstheorie der Bibel

Im ersten Buch des Alten Testamentes, in der Genesis (1. Kapitel, Vers 21), steht geschrieben:

> „Gott schuf alle Arten von großen Seetieren und anderen Lebewesen, von denen das Wasser wimmelt, und alle Arten von gefiederten Vögeln. Gott sah, dass es gut war."

Und dann, einige Sätze weiter, steht in den Versen 26 bis 27 geschrieben:

> „Dann sprach Gott: Lasst uns Menschen machen als unser Abbild, uns ähnlich. Sie sollen herrschen über die Fische des Meeres, über die Vögel des Himmels, über das Vieh,

über die ganze Erde und über alle Kriechtiere auf dem Land. Gott schuf also den Menschen als sein Abbild; als Abbild Gottes schuf er ihn. Als Mann und Frau schuf er sie."

Als unbefangener Leser könnte man sich an dieser Stelle fragen, zu wem Gott diese Worte sprach und welches Erscheinungsbild er tatsächlich hatte, wenn der Mensch als sein Abbild erschaffen wurde.

Wurde der Mensch nach dem Bild eines alten Herrn mit grauem Bart, der im Himmel thront, erschaffen? Nach heutiger, fortschrittlicher spiritueller Anschauung ist Gott ein transzendentes und immanentes Wesen und somit grundsätzlich nicht mit dem Menschen vergleichbar. Nach dieser Sicht ist Gott „Alles in allem" oder die „Essenz allen Seins".

Ist der Schöpfergott des Alten Testaments ein transzendenter oder ein physisch existierender Gott?

Ein Priester oder Rabbi würde argumentieren, dass der Menschen der Frühzeit, für den das Alte Testament ursprünglich geschrieben wurde, mit einem realistischen und ihm verständlichen Gottesbild konfrontiert werden sollte.

Zur Erschaffung der Eva lesen wir in der Bibel (2. Kapitel, Vers 21–22) Folgendes:

„Da ließ Gott, der Herr, einen tiefen Schlaf auf den Menschen fallen, sodass er einschlief, nahm eine seiner Rippen und verschloss ihre Stelle mit Fleisch. Gott, der Herr, baute aus der Rippe, die er vom Menschen genommen hatte, eine Frau und führte sie dem Menschen zu."

Nicht unbedingt sehr anschaulich, es sei denn, es sollte dem Mann mitgeteilt werden, dass er über der Frau stehe und diese als sein Eigentum betrachten möge. So jedenfalls wurde die Bibelstelle hinsichtlich der Beziehung zwischen Mann und Frau in den letzten Jahrhunderten interpretiert.

Genau wie Darwin hatten die Autoren des Alten Testamentes ursprünglich sicher die besten Absichten und konnten nicht ahnen, dass spätere Interpreten und Machtmanipulatoren den Inhalt zu ihren Gunsten umdeuten würden. Dabei hat die Bibel im Grunde in meinen Augen nur versucht, den Sachverhalt dem damaligen Wissensstand und Wortschatz entsprechend zu beschreiben. Den heutigen Exegeten sollte mit Vorsicht begegnet werden, da sie die korrekten historischen Zusammenhänge auch nur erahnen können und ihre Interpretation durch subjektive Sichtweisen oder manipulativen Konsens beeinflusst sind.

Die Frage bleibt: Woher kommt der Mensch und was ist sein Ziel? Um zu einem Ergebnis zu gelangen, müssen noch andere Quellen zurate gezogen werden.

4. Heimat und Ursprung des Menschen?

Die Heimat des Menschen oder genauer der Hominiden, der menschenartigen Frühformen, war nicht die Erde, sondern sie lag im Sternensystem der Vega im Sternbild der Lyra (Leier). In klaren Sommernächten ist das Sternbild der Lyra mit der Vega hoch oben am Himmel zu sehen. Die Vega ist einer der hellsten Sterne und 24,4 Lichtjahre von unserem Sonnensystem entfernt. Zum Mond braucht ein Lichtstrahl 1,3 Sekunden und zur Sonne schon 8,3 Minuten. Das Licht der Vega, das wir am Nachthimmel sehen, hat vor 24,4 Jahren diesen Stern verlassen.

Woher stammt das Wissen über die Evolution des Menschen?

Schriftliche Aufzeichnungen über die Geschichte der Menschheit existieren erst seit den letzten fünftausend Jahren. Für den Zeitraum davor, bis zur Sintflut, die schätzungsweise vor fünf- bis fünfzehntausend Jahren stattgefunden hat, besitzen wir nur sehr wenige archäologische Funde.
Jedoch existieren die Mythologien der verschiedenen Völker, die oft fälschlicherweise als Märchen bezeichnet werden. Darüber hinaus gibt es das Zellgedächtnis und unsere Erbsubstanz, die absolut nichts vergisst und genauer als jeder Computer und jedes Buch die Ereignisse speichert. Schließlich existieren noch die Wesenheiten aus der geistigen Welt, von denen manche eine exzellente Kenntnis haben und mit allen nur erdenklichen Anstrengungen versuchen, mit uns Menschen eine kommunikative Verbindung aufzubauen.

Die Entstehung des Menschen fast vom Anfang an

Im Folgenden werde ich in Grundzügen die Entwicklungsgeschichte des Menschen schildern, sie steht im Gegensatz zu Religion und Wissenschaft. Sie wurde von den Mächtigen den Menschen vorenthalten und nur in okkulten Zirkeln und Gesellschaften an Eingeweihte weitergegeben, daher könnte sich einiges für Sie fremdartig anhören. Dieses Wissen kann jedoch nicht länger zurückgehalten werden, und im Laufe des Kapitels nenne ich einige Autoren, in deren Bücher weitere Informationen nachgelesen werden können.

Auf einem Planeten im Sternensystem der Vega im Sternbild der Lyra (Leier) ist der Mensch entstanden und nicht durch Zufall, sondern er wurde durch höher entwickelte Wesen erschaffen. Den Namen des Planeten, auf dem dies geschah, kennen wir nicht. Vielleicht gibt es diesen Planeten schon nicht mehr, wie wir gleich noch sehen werden. Dies ereignete sich vor hunderten oder tausenden Millionen Jahren.

Die Schöpfergötter, die den Menschen schufen, befanden sich auf einer sehr hohen Schwingungsebene unmittelbar unterhalb oder in nächster Nähe des Allerhöchsten. In der Bibel wird dies die Ebene der Erzengel bezeichnet. In der Umgangssprache fehlen uns hier die Begriffe.

Die schöpferischen Aktivitäten wurden von einem Gremium überwacht, das in den mystischen Schriften als der „Rat der Neun" bezeichnet wird. Die Vorgabe für die Schöpfer war, eine Zivilisation zu schaffen, die sich durch den Dienst am Nächsten spirituell schnell weiterentwickeln sollte. Diese Zivilisation sollte später die Aufgabe übernehmen können, als Hüter für Planeten und Planetensysteme zu fungieren.

Da diese spirituelle Entwicklung nicht in Stagnation oder Selbstgenügsamkeit enden sollte, wurde eine weitere Gruppe von Wesen geschaffen, der man eine entgegengesetzte Philosophie mit auf den Weg gab. Sie sollte sich vorrangig um das eigene Wohlergehen kümmern. Zudem sagte man dieser Gruppe, dass sie einen Anspruch auf die gesamte Galaxie hätte und aufgrund ihrer intellektuellen und technischen Fähigkeiten versuchen solle, sich die erstgeschaffenen Hominiden zu Untertanen zu machen. Dies würde letztlich zum Wohle aller führen.

Diese zweite Gruppe wurde auf einem anderen Planeten im Sternbild des Drachen angesiedelt und hatte auch eine etwas andere genetische Ausrichtung. Sie waren reptilienartige, aufrecht gehende zweibeinige Wesen mit schuppiger Haut, die ihre Körpertemperatur schlecht konstant halten konnten, sodass sie die Wärme der Sonne suchten. Auch waren sie keine Säuger, sondern legten Eier und kümmerten sich dann nicht mehr um ihre Nachkommen. Die Jungen mussten

sich selbst aus der Eierschale befreien und sich anschließend selbst um ihre Nahrung und ihr Überleben kümmern.
Die Urmenschen waren völlig anders veranlagt. Sie brachten ihre Kinder lebend zur Welt, säugten sie und gaben ihnen über einen längeren Zeitraum hinweg Geborgenheit. Zudem waren sie eher von femininer Natur, also emotional ausgerichtet und von ihrem Wesen her mütterlich fürsorgend und dem Lichte zugeneigt. Die Gruppe der Reptiloiden war maskuliner, intellektuell ausgerichtet und von Machtstreben besessen.
Die Schöpfergötter, die fast alle Mitglieder des „Rates der Neun" waren, holten sich einige erfahrene Mitgestalter aus anderen Galaxien, um den Schöpfungsprozess in Gang zu bringen. Für die Entwicklung der Urmenschen wurden die Leoniden ausgewählt. Das sind Wesenheiten, die den menschlichen Wesen sehr ähnlich sind, deren Gesichtszüge jedoch mit denen eines Löwen vergleichbar sind. Für die reptiloide Gruppe wurden ebenfalls unterstützende Wesenheiten hinzugezogen, die einen uns Menschen ähnlichen Körperaufbau, jedoch ein vogelähnliches Gesicht besaßen.
Die Erbsubstanz dieser Wesen aus den anderen Galaxien wurde durch Kreuzung oder eine genetische Manipulationen in die Erbsubstanz der neuen Schöpfungen eingebracht. All dies geschah auf einer viel höheren Schwingungsebene, auf der durch bloße Gedankenkraft ganz andere Schöpfungsmöglich-

keiten bestehen als in unserer trägen und niedrig schwingenden dreidimensionalen Welt.

Dass eine Konstellation von derart verschiedenartigen Wesen zu einem Konflikt von galaktischer Dimension führen würde, wurde von den Mitgliedern des „Rates der Neun“ durchaus in Kauf genommen. Trotzdem bestand die Zielsetzung weiter, eine bewusste Integration der Gegensätze anzustreben. Es sollte die Fähigkeit entwickelt werden, sich gegenseitig zu akzeptieren und in friedlicher Weise miteinander auszukommen.

Die Koexistenz der beiden so unterschiedlichen Gruppen führte schon bald zu heftigen Auseinandersetzungen, und zwar nicht etwa mit Pfeil und Bogen, sondern mit Atomwaffen. Der Heimatplanet der Hominiden wurde dabei stark zerstört und in der Folge unbewohnbar. Die beiden Weltkriege auf der Erde, die im vergangenen Jahrhundert soviel Leid über die Menschheit gebrach haben, erscheinen im Vergleich dazu wie Indianerspiele.

Nach dieser zerstörerischen Auseinandersetzung, die als erster galaktischer Krieg bezeichnet wird, zogen sich die reptiloiden Usurpatoren in Richtung des Sternbilds Orion zurück, die überlebenden Hominiden retteten sich auf die Plejaden oder auf einen der Sterne des Sirius-Systems.

Nach vielen Tausenden, vielleicht auch Millionen von Jahren erholten sich die Hominiden auf dem Sirius wieder, und der Hauptschauplatz der Entwicklung verlagerte sich dorthin. Die

Reptiloiden begannen jedoch erneut, in den Lebensraum der Hominiden einzuwandern und konnten so nach einer kurzen Zeit des Friedens erneut Hass und Zwietracht säen. Es kam in der Folge zu einem weiteren Krieg, der noch größere Zerstörung nach sich ziehen sollte. Das Sternensystem des Sirius mit der gesamten hominiden und reptiloiden Bevölkerung wurde fast vollständig ausgelöscht. Die wenigen überlebenden Reptiloiden zogen sich abermals in die Konstellation des Orion und die des Drachen zurück. Die überlebenden Bewohner des Sirius und auch die einst von der Lyra immigrierten Hominiden retteten sich auf noch bestehende Planetenreste oder flüchteten in unser Sonnensystem.

Um solch dramatische Entwicklungen schon rechtzeitig zu erkennen und in der Zukunft besser kontrollieren zu können, wurde die Galaktische Föderation von Sternensystemen gegründet. In dieser Föderation können sich reife und friedliche Zivilisationen zusammenschließen, um sich gegenseitig zu unterstützen. Die Föderation sorgt auch aktiv für den Schutz von Schwächeren.

Nach vielen Tausenden von Jahren, in denen es immer wieder zu kriegerischen Auseinandersetzungen gekommen war, begann sich schließlich ein friedliches Miteinander von Menschen und Reptiloiden zu entwickeln, und zwar auf unserem Planeten sowie auf den Nachbarplaneten Venus und Mars und auf mehreren Monden, die sich um diese Planeten bewegten.

Zu den Reptiloiden auf unserem Planeten gesellten sich noch Dinosaurier unterschiedlichster Art, die zwar schwerfällig, jedoch mit großen intellektuellen Fähigkeiten ausgestattet waren und hinsichtlich ihres Egoismus und in ihrer Aggressivität die Reptiloiden noch übertrafen.
Sowohl für die Reptiloiden als auch für die Dinosaurier opferten sich die Erdbewohner auf. Sie dienten ihnen und versorgten sie mit Nahrungsmitteln. Trotz dieser Unterwürfigkeit schwebten die Hominiden in großer Gefahr. Die Reptiloiden und die Dinosaurier planten, ihre Mitbewohner in einem Überraschungsstreich zu liquidieren, um nicht weiter die Nahrungsvorräte mit ihnen teilen zu müssen.
Der „Rat der Neun" vereitelte diesen Plan zusammen mit der Galaktischen Föderation, indem sie selbst einen Erstschlag durchführten. Unterstützt wurden sie von der spirituellen Hierarchie, einem Verbund der aufgestiegenen Meistern und Engelwesen unserer Galaxie, der sich zu diesem Zeitpunkt schon gebildet hatte.
Diese gemeinsame Allianz zerstörte die Dinosaurier und Reptiloiden, und löschte sie bis auf sehr wenige Vertreter aus. Der Planet Erde war danach völlig unbewohnbar, sodass die Hominiden in andere Sternensysteme evakuiert werden mussten, zum Beispiel das des Pegasus.
Teile der ursprünglichen Sirius-Bevölkerung versuchten jedoch, sich durch Inkarnation oder Körperübernahme in die

Meere zu retten, was auch teilweise gelang. Einige wenige Reptiloide waren in das Erdinnere geflohen und somit vor den radioaktiven Strahlen, die als Folge des atomaren Schlags auftraten, geschützt.

Während dieses dritten galaktischen Krieges wurden auch die Oberflächen der Venus und des Mars völlig zerstört. Bekannt ist die zerstörte Pyramidenstadt im Sidonia-Gebiet auf dem Mars, die Richard C. Hogland ausführlich beschrieben hat.

Das Ziel, durch friedliche Koexistenz der hominiden und reptiloiden Rassen eine spirituelle Weiterentwicklung in die Wege zu leiten, war wieder einmal gescheitert.

Nur sehr langsam erholten sich die Bevölkerungsgruppen von ihren traumatischen Erlebnissen. Vor etwa einer knappen halben Million Jahre setzte dann ein neuer Evolutionsschub auf unserer Erde ein. Bis zu diesem Zeitpunkt hatte es auf der Erde keine beachtenswerte Entwicklung gegeben, denn es lebten hier nur einige wenige versprengte indogene Volksgruppen auf dem Niveau des sehr primitiven Neandertalers.

Das soeben Geschilderte mag für einige Leser wie ein Hollywood-Szenarium klingen. Ich habe mir das alles nicht selbst erdacht, sondern ich stütze mich auf viele Autoren, von denen ich einige hier zitieren möchte, sodass sie alles nachlesen können.

Fangen wir mit dem deutschen Esoteriker Michael George an. Durch seine beiden Bücher *Das Licht Gottes versagt nie* und

Die Himmlischen und ihre Kinder bekommen Sie schon einen sehr guten Überblick über die Entstehungsgeschichte des Menschen. Der Amerikaner Arthur David Horn (*Götter gaben uns die Gene*), ehemals Professor für Anthropologie, wurde von seiner Frau auf spirituelle und esoterische Wege geführt und vertritt heute nicht mehr die Schulmeinung.

Einige weitere amerikanische New-Age-Autoren, die zu diesem Thema veröffentlicht haben, sind: Barbara Marciniak, Lyssa Royal mit ihrem Koautor Keith Priest, Virginia Essene mit Sheldon Nidle, R. A. Boulay, V. S. Ferguson sowie der Kosmopolit Zecharia Sitchin, der eine Sonderstellung einnimmt. Er hat sich ein umfassendes Wissen aus den Tontafeln der Sumerer erarbeitet, da er die alte sumerische Sprache und die Keilschrift lesen kann. Dann noch die Amerikanerin Jelaila Starr, die nach ihren eigenen Aussagen eine Botschafterin des Planeten Nibiru ist. Zum Schluss dieser Aufzählung nochmals ein Europäer, und zwar der Engländer David Icke, ein Enthüllungsjournalist mit dem Spürsinn eines englischen Kriminologen. Ich habe hier nur die Namen der Autoren genannt, deren Veröffentlichungen verbreitet und zugänglich sind.

5. Die Schöpfergötter des Homo sapiens

Die Geschichte des *Homo sapiens* klingt zunächst wie ein schönes, frei erfundenes Märchen. Einer der bekanntesten Autoren zu diesem Thema ist Zecharia Sitchin, nach dessen Aussagen die folgende Geschichte genau so auf den Tontafeln, die in Mesopotamien gefunden wurden, aufgezeichnet war. Sitchins Darstellungen finden in den Mythen und alten Schriften vieler Völker Bestätigung. Auch von Seiten der

wissenschaftlichen Geschichtsforscher erhalten seine Thesen immer mehr Anerkennung und Akzeptanz.
Vor 480.000 Jahren erhielt demnach unser Planet Besuch von den Bewohnern des fremden Planeten Nibiru. Dieser Planet war durch seine Schwerkraft von unserer Sonne eingefangen worden und galt damit als der zwölfte Planet unseres Sonnensystems. Bei dieser Zählweise werden Sonne und Mond, die Lichter, als Planeten mitgezählt.
Oft wird Nibiru in der Literatur als „Planet X“ bezeichnet. Das „X“ wird in der Mathematik für das zu suchende Unbekannte verwendet. Das „X“ bedeutete bei den Römern „10“, was auch auf Nibiru zutrifft, denn wenn man Sonne und Mond nicht mitzählt, dann haben wir zusammen mit Nibiru zehn Planeten.
Nibiru umrundet die Sonne in einer sehr lang gestreckten Ellipse, die die Sonne als einen der beiden Brennpunkte hat. Die Umlaufszeit von Nibiru soll 3600 Jahre betragen. Das können wir leider nicht überprüfen, da unser Beobachtungshorizont zu kurz ist.
Seine Bewohner waren auf der Suche nach neuen Lebensräumen. Vor allem suchten sie nach Gold, das sie zum Schutz ihres Planeten benötigten, der bei den letzten Kriegshandlungen erhebliche Schäden an seiner ihn schützende Atmosphäre hatte hinnehmen müssen. Diese konnten durch Goldstaub ausgeglichen werden. In Mesopotamien und später auch im Süden von Afrika wurden sie fündig. Diese Goldvorräte ver-

anlassten sie zu einem längeren Aufenthalt auf der Erde. Ihre ersten Siedlungen gründeten sie im Mündungsgebiet der Flüsse Euphrat und Tigris.
Die Bevölkerung des Planeten Nibiru war kunterbunt zusammengewürfelt, da viele gestrandete Existenzen und auch einige versprengte Reptiloide auf Nibiru nach dem letzten galaktischen Krieg aufgenommen worden waren. Das Herrscherhaus von Nibiru und seine Sippschaft, die Anunnaki, haben auf unserer Erde einige Spuren hinterlassen.
Das Oberkommando führte ein ehrwürdiger älterer Herr namens An. In seinen Adern floss das genetisch unverwässerte blaue Blut der Könige von der Vega, dem Heimatort der Hominiden. An hatte drei Kinder. Die Söhne Enlil und Enki und die Tochter Ninhursag. Alle drei Kinder lebten auf unserer Erde und haben kräftig Geschichte geschrieben (siehe Anlage 1 im Anhang, Seite 91).
Enlil, Enki und Ninhursag sind natürlich nicht die einzigen Nachkommen, sie sind aber die Hauptträger der Vererbungslinie und die dominierenden Persönlichkeiten. Die Anunnaki waren immer recht aktiv im Zeugen von Nachkommen. Sie waren auch nicht sehr monogam ausgerichtet, und auch ein Inzest hinderte sie kaum. An hat diese drei Kinder mit drei verschiedenen Frauen.
Die Mutter von Enlil ist Antu. Antu ist gleichzeitig die Halbschwester ihres Gatten An. Sie gilt als Hauptfrau, da sie eine

Trägerin der königlichen lyrianischen Blutslinie ist. „Königlich" bezieht sich hier auf die Reinheit der Erbsubstanz. Enlil war folglich der Träger der königlichen Erbsubstanz. Er ist aber nicht der Erstgeborene.
Der Erstgeborene ist Enki, und seine Mutter ist Dramin. An hatte Dramin zur Frau genommen, um die Beziehungen mit dem Drachenvolk zu verbessern. Dramin war nämlich eine Drachenkönigin. Enki kommt daher aus zwei ganz verschiedenen Entwicklungsstämmen.
Die Mutter von Ninhursag ist Rayshondra, und sie stammt von den Plejaden. In ihren Adern fließt das Blut von Wesen aus einer anderen, uns nicht bekannten Galaxie. Sie entstammt den beiden Völkern, die bei der ursprünglichen Erschaffung des Menschen mitgewirkt hatten. Rayshondra selbst hatte sich auf den Plejaden schon einen guten Ruf erworben. Sie war dort eine renommierte Genmedizinerin.

Die Erschaffung des Menschen

Enki kümmerte sich vorwiegend um die Förderung des Goldes in Südafrika, und Enlils Aufgabe war der Aufbau des Siedlungsgebietes in Mesopotamien. Dies lief alles weitgehend nach Plan, bis die Bergwerksarbeiter in den Goldminen zu meutern anfingen, weil ihnen die Arbeit zu schwer wurde.

Also kamen die Anunnaki zu dem Entschluss, die eingeborenen Erdenbewohner für diese Arbeit zu nutzen. Die lokale Bevölkerung war auf einem so niedrigen geistigen Niveau, dass sie für diese Tätigkeit nicht geeignet war. Deshalb kamen die Anunnaki auf die Idee, ihre Intelligenz durch genetische Eingriffe und Kreuzungen anzuheben.

Nach einigen Fehlschlägen gelang es schließlich, eine Kreuzung zwischen einer weiblichen Eingeborenen und einem Anunnaki durchzuführen. Vermutlich wurde von einer In-vitro-Fertilisation und der Austragung durch eine Leihmutter Gebrauch gemacht. Die Nachkommen waren, wie dies bei hybriden Kreuzungen oft der Fall ist, unfruchtbar. Daher versuchte man anschließend eine Züchtung von Erdenmenschen, die sich selbst fortpflanzen konnten.

Auch dies glückte wiederum erst nach vielen Misserfolgen. Dem neuen Erdenbürger wurde freimütig die beste Erbsubstanz mit auf seinem Weg geben. Dieser Vorgang wird im Alten Testament (Genesis 1, 26–27) wie folgt beschrieben:

> „Lasst uns Menschen machen als unser Abbild, uns ähnlich. Gott schuf also den Menschen als sein Abbild."

Dies ist die Geburtsstunde Adams oder Adapas, wie er im Sumerischen bezeichnet wird. Sicher war dies nicht ein einziger Mensch, wie in der Bibel beschrieben, sondern eine ganze Züchtung mit anschließender Auslese der besten Exemplare zur Verwendung für die weitere Zucht.

Die Erschaffung Evas hat sich dann etwa wie folgt abgespielt (Genesis 2, 21–23):

> „Da ließ Gott, der Herr, einen tiefen Schlaf auf den Menschen fallen, sodass er einschlief, nahm eine seiner Rippen und verschloss ihre Stelle mit Fleisch. Gott, der Herr, baute aus der Rippe, die er vom Menschen genommen hatte, eine Frau und führte sie dem Menschen zu. Und der Mensch sprach: Das endlich ist Bein von meinem Bein und Fleisch von meinem Fleisch. Frau soll sie heißen, denn vom Mann ist sie genommen."

Also eine perfekte In-vitro-Fertilisation mit dem Samen Adams, um eine homogene und kompatible Genetik seitens der Frau sicherzustellen. Einige Bibelstellen erscheinen vor diesem Hintergrund in einem ganz anderen Licht und werden so auch viel verständlicher.

Der Samenspender für Adam könnte Enki gewesen sein, dessen Mutter Dramin war, die ihre reptiloiden Drachengene an ihren Sohn weitergegeben hatte. Die Spenderin des weiblichen Ovums war sicherlich eine irdische Eingeborene. Als genetische Expertin bei dieser genetischen Manipulation diente Ninhursag, die auch, wenn Sitchin die Berichte der sumerischen Tontafeln richtig interpretierte, die Rolle der Austragungsmutter übernahm.

Dieser Schöpfungsprozess war kein einmaliger Vorgang. Er wurde über einen Zeitraum von mehreren Tausenden von Jah-

ren permanent wiederholt. Und er war auch nicht nur auf das Gebiet von Mesopotamien beschränkt:
Der *Homo sapiens* wurde von den Schöpfergöttern an mehreren klimatisch günstig und zentral gelegenen Orten geschaffen. Im Süden Afrikas (heute Namibia, Botswana und die Republik Südafrika) wurde die negroide Rasse weiterentwickelt. In Mesoamerika (heutiges Mexiko) erfolgte die Züchtung der roten Rasse, also der Ureinwohner Amerikas, und das Mündungsgebiet des Gelben Flusses (zwischen Peking und Shanghai) wurde für die Erschaffung der gelben Rasse ausgewählt. In Indien, genauer im Mündungsgebiet des Industales (heute teilweise Pakistan) wurde die weiße Rasse auf das Niveau des *Homo sapiens* hoch gezüchtet. Hier liegt der Ursprung der indogermanischen Rasse, zu der auch wir Europäer zählen.
Höchstwahrscheinlich hat sich dieser Vorgang vor etwa 200.000 Jahren abgespielt. Mit dem Auftreten des Cro-Magnon-Menschen als dem ersten *Homo sapiens* vor etwa 50.000 Jahren war diese Entwicklung – oder sagen wir besser Schöpfung – abgeschlossen.
Die anthropologische Archäologie kennt vor dem Cro-Magnon-Menschen nur sehr wenige Funde, ausgenommen einiger spärlicher Überreste des Neandertalers, die über eine Million Jahre alt sein sollen. Sollte es also zwischen dem Neandertaler und dem Cro-Magnon-Menschen tatsächlich keinen nachweisbaren Entwicklungsschritt gegeben haben, könnte

dies als Indiz dafür dienen, dass die Evolution des Menschen durch einen Eingriff von außen vorangetrieben wurde.
Nachdem nun die genetische Ausstattung des Menschen durch die Eingriffe der Anunnaki mit deren eigenen Anlagen kompatibel war, konnte eine Vermischung der beiden Zivilisationen auf breiter Basis erfolgen, gefördert durch den temperamentvollen Vermehrungsdrang der Anunnaki.

Unsere Mythen und Erzählungen sind voll von Berichten über Götterhelden, die sich mit irdischen Frauen paaren. Auch die Bibel berichtet über die Nefilim, die vom Himmel kamen und an den Menschenfrauen Gefallen fanden. Diese Berichte sollten wir nicht als frei erfundenen Geschichten abtun. Im 6. Buch der Genesis (Verse 1 und 2) lesen wir:

> „Als sich die Menschen über die Erde hin zu vermehren begannen und ihnen Töchter geboren wurden, sahen die Gottessöhne, wie schön die Menschentöchter waren, und sie nahmen sich von ihnen Frauen, wie es ihnen gefiel."

Forschern, die sich mit der Geschichte der Anunnaki beschäftigt haben, ist es gelungen, Götter und Helden aus der menschlichen Mythologie mit dem Stammbaum der Anunnaki abzugleichen.
Demnach ist der ägyptische Gott Ptah identisch mit Enki, sein Sohn Dumuz entspricht der Figur des Osiris, und seine

Geliebte Isis wäre demnach im Stammbaum der Anunnaki die Inanna, eine Enkeltochter von Enlil.
König Gilgamesch war ein Mensch, der das ewige Leben der Götter zu erringen versuchte. In ihm floss das Blut der königlichen Anunnaki, da er in der Erbfolge von Enlil stand. Ihm war als erstem Menschen das Recht auf ewiges Leben in Aussicht gestellt worden, was das Wohnrecht auf Nibiru bedeutet hätte. Das Gilgamesch-Epos berichtet sehr ausführlich von seinem Kampf, den er verlor, da man ihm dann doch keinen Zutritt auf Nibiru gewährte.
Eine weitere, eher positiv bewertete Persönlichkeit ist Thot (bei den Griechen Hermes Trismegistos). Er ist dafür bekannt, dass er sein Wissen an die Menschen weitergab. Thot wurde von seinem Bruder Marduk aus Ägypten vertrieben, woraufhin er sich nach Mittelamerika absetzte (nach Jelaila Starr im Jahre 3113 vor unserer Zeitrechnung). Und dort wurde er von den Ureinwohnern als die Gefiederte Schlange verehrt. Diese Bezeichnung erinnert wiederum an Hermes, den römischen Götterboten mit Schlangenstab und Federflügeln. Die Azteken nannten ihn Quetzalcoatl und die Maya Kukulkan. Das Kalenderwissen in Mittelamerika geht sehr wahrscheinlich auf ihn zurück.

Vertreibung aus dem Paradies

Die Menschen waren fast mit den gleichen geistigen Fähigkeiten ausgestattet wie ihre Schöpfer. Was die Schöpfergötter ihnen voraus hatten, war die Unsterblichkeit. Absolut unsterblich waren auch diese nicht, jedoch im Vergleich zu den Menschen konnte man sie so bezeichnen.

Sie hatten auch den Vorteil, sich auf den Planeten Nibiru zurückziehen zu können, wie die sumerische Mythologie berichtet. Dort hielten sie sich im Inneren des Planeten auf und waren deshalb nicht den stark alternden kosmischen Strahlen ausgesetzt.

Da die Menschen mit der Zeit fast die gleichen geistigen Fähigkeiten erreichten wie ihre Schöpfer, kam bei diesen die Befürchtung auf, von ihren eignen Geschöpfen überflügelt und vertrieben zu werden, wenn es mit ihren technischen und geistigen Fortschritten so weitergehen würde. Die Menschen strebten nach Wissen und Erkenntnis. Dieses Streben wird in der Bibel mit der Metapher vom Verzehr des Apfels vom Baum der Erkenntnis beschrieben.

Deshalb wurden die Menschen aus dem Paradiese vertrieben. Ab diesem Zeitpunkt mussten Adam und Eva im Schweiße ihres Angesichtes ihr Brot verdienen und ihre Kinder unter Schmerzen gebären. Das ohnehin schon schwere Leben wurde so noch um ein Vielfaches schwieriger.

Die Schlange, die Eva vom Baum der Erkenntnis einen Apfel gab, ist schon seit Urzeiten das Symbol für Enki. Auf ihn ging auch die Bruderschaft der Schlange zurück, eine Geheimgesellschaft, die einige wenige Menschen aus jeder Generation in echtes Wissen einweihte. Hier finden wir den Vorläufer und geistigen Vater der Geheimgesellschaften, die auch in unserer Zeit noch immer die Fäden in der Hand halten.

Der Turmbau zu Babel

Ereignisse, über die die Bibel berichtet, wurden oft erst viele Jahre nach ihrem Geschehen aufgezeichnet, sodass die Autoren nur auf mündliche Berichte von Personen, die selbst keine Zeitzeugen waren, zurückgreifen mussten. Viele Fakten wurden auch falsch wiedergegeben und nach den Wünschen der jeweiligen Machthaber geschildert.

Was sollte mit der Geschichte vom Turmbau zu Babel ausgesagt werden? Höchstwahrscheinlich nicht, wie es heute ausgelegt wird, dass man hübsch bescheiden zu sein hat und nicht zu große Ziele anstreben sollte.

Die Situation in der damaligen Welt war desolat. Eine „von oben“ regulierte Versorgung der Bevölkerung mit Nahrung und Wohnraum oder gar Hilfe und Pflege bei Krankheit existierte einfach nicht.

Anfänglich übten die Anunnaki die Regierungs- und Herrschaftsgewalt selbst aus und zwar mit größter Willkür. Später wurde die Regierungsmacht an ihnen gefällige Kollaborateure delegiert, die in ihrer Herrschsucht ihre Herren noch zu übertreffen suchten.

In Ägypten herrschten die Pharaonen, unterstützt von einer korrupten Priesterschaft. Die Mächtigen hinter den Mächtigen in diesem Lande waren zwar menschenähnlich, mental sehr stark und hochintelligent, hatten jedoch die Gesichter von Tieren. Auf jeder Tempelwand und auf jeder Stele in Ägypten sind diese Wesen noch heute zu sehen: Re (Marduk bei den Anunnaki) hatte einen Falkenkopf, Horus hatte den Kopf eines Falken, Seth (Sati/Satu) hatte den Kopf eines Esels, Thot (Ningiszida) hatte den Kopf eines Ibises (ein Wasservogel mit einem langen gebogenen Schnabel). Und in China wurde eine Königsdynastie auf einen Thron gesetzt, der den bezeichnenden Namen Drachenthron trug.

Der Turmbau zu Babel war der missglückte Versuch einer Revolte der Menschen gegen ihre Herrscher und Unterdrücker. Wie diese Revolte ausgeführt wurde und was der eigentliche Anlass war, wird nicht berichtet. Es wird nur über den totalen Fehlschlag etwas gesagt. Damals wie heute ist es üblich, dass, wenn Aufstände vereitelt und „abgewürgt" wurden, in der Geschichtsschreibung die wirklichen Tatsachen unterdrückt und verdreht werden. Die drakonischen Strafen und die Folgen werden jedoch geschildert, um zukünftige Nachahmer zu entmutigen. Es war ein Befreiungsversuch der Unterdrückten gegen ihre brutalen Herren.

Vermutlich haben auch einige Anunnaki, die den Menschen wohl gesonnen waren, bei diesem Komplott mitgewirkt. Die Menschen standen den Schöpfergöttern hinsichtlich ihrer Intelligenz zwar um nichts nach, allerdings hatten sie keine so hohe Lebenserwartung wie ihre göttlichen Peiniger und verfügten auch nicht über deren rücksichtslosen Durchsetzungswillen, der für einen erfolgreichen Aufstand nötig gewesen wäre.
Was dann genau geschehen ist, wissen wir nicht. In der Bibel wird nur berichtet, dass der Turmbau von einem der Schöpfergötter höchstpersönlich gestoppt wurde. Als Strafe für ihren Hochmut verwirrte er die Sprache der Völker, sodass sie sich nicht mehr miteinander verständigen konnten.
Die Rebellion war fehlgeschlagen und der Menschheit wurden ihre Fähigkeiten beschnitten, damit sie nicht mehr auf die Idee kämen, ein derartiges Unterfangen zu wagen.

Was ist unter der „Verwirrung der Sprachen" oder der „Beschneidung von Fähigkeiten" zu verstehen? Genetisch gesprochen wurde ein beachtlicher Teil (97 Prozent) der DNS stillgelegt, wodurch die Menschen nicht mehr an das Wissen und die Fähigkeiten höherer Dimensionen angeschlossen waren. Das restliche Potenzial war viel zu gering, um die Lebensaufgaben noch bewältigen zu können. Not und Elend bei den einen und Ausbeutung und Unterdrückung durch die anderen waren vorprogrammiert. Hier handelt es sich um eine ungeheuerliche Intrige, die noch mit allen Mitteln der Öffentlichkeit vorenthalten wird.

Wenn Sie dies jetzt lesen, sollten Sie versuchen, ihre Wut und Aggression nicht an den Anunnaki oder deren Nachfolger abzureagieren. Bleiben Sie ruhig. Erstens hätten die Machtstrategen niemals ihre Macht erreicht und diese auch nicht missbrauchen können, wenn es nicht von höherer Instanz eine Einwilligung gegeben hätte. Und zweitens betrachten Sie sich nicht als Opfer, denn jedes Opfer hat auf höherer Ebene diesem Machtspiel zugestimmt, um eines Tages die mit dieser Rolle verbundenen Meriten ernten zu können.

Als die Menschen sich vor Urzeiten bereit erklärten, einen Großteil ihrer Göttlichkeit aufzugeben – denn nur durch diesen Umstand ist das Spiel von Macht und Machtmissbrauch möglich geworden – war ihnen bewusst, welch große Chance für eine Weiterentwicklung sich ihnen und den nachfolgenden Generationen bieten wird.

Und lange wird dieser Zustand nicht mehr anhalten, denn der Mensch steht kurz vor einer Bewusstseinstransformation, wie sie auf unserem Planeten Erde oder sogar in unserer Galaxie noch nie erlebt wurde.

Die Aktivierung unserer DNS wird eine bedeutende Rolle spielen. Im folgenden Kapitel werde ich die Maßnahmen schildern, mit denen die DNS-Aktivierung fördern und beschleunigen können. Dabei beziehe ich mich auf die Informationen, die das Medium Jelaila Starr, eine Amerikanerin, empfangen hat. Ihren eigenen Aussagen zufolge ist sie eine Botschafterin des Planeten Nibiru, eben jenes Planeten, von dem die Schöpfergötter kamen.
Die Existenz sowie die Geschichte des Planet Nibiru sind äußerst umstritten, und ich will diesbezüglich weder eine eindeutige Pro- noch eine Kontrahaltung einnehmen. Sie, lieber Leser, müssen sich selbst Ihr Urteil bilden. Nibiru ist übrigens ein Wort aus dem Sumerischen. Diese Sprache kennt zusammengesetzte Wörter, die aus mehreren Logogrammen (Schriftzeichen) bestehen, aus denen sich die Bedeutung ergibt. Und folgendes habe ich in einem sumerischen Wörterbuch nachgeschlagen:
Das Zeichen „NI" bedeutet „Eigentum, etwas Persönliches", „BI" bedeutet „wohnen, wo man hineinpasst" und die Wortsilbe „RU" schließlich kann mit „Verwandte, mit Gleichen im Rang" übersetzt werden. „NI.BI.RU" bedeutet also „der eigene Ort, an dem man mit Seinesgleichen wohnt".

6. Transformation des Bewusstseins

Wir erwarten eine Wendezeit oder Zeitenwende in aller nächster Zukunft. Die Literatur zu diesem Thema wächst ständig an und das Jahr 2012 wird fast einstimmig als Kulminationspunkt für eine Transformation angesehen. Die Auguren scheinen sich ziemlich einig zu sein, dass auf jeden Fall mit einer Bewusstseinserweiterung der Menschheit zu rechnen ist. Die Begründungen für diese Wende und die zu erwarteten Auswirkungen kann man in den von Tag zu Tag mehr werdenden Publikationen nachlesen. Der Konsens in der einschlägigen Literatur wird immer größer. Dabei nehmen die Katastrophen- und Weltuntergangsszenarien stetig ab und weichen einer positiveren Sichtweise. Wie sich dieser Transformationsprozess auf unsere DNS auswirkt, besprechen wir im Folgenden.

Die nicht genutzte DNS

Der Anteil der nicht genutzten DNS nimmt mit der Höherentwicklung der Lebewesen zu. Bei den Pflanzen werden 75, bei den Säugetieren 90 und beim Menschen sogar 97 Prozent nicht genutzt. Nach dieser Aussage verfügen Pflanzen, Tiere und der Mensch nicht über ihr volles Potenzial. Dabei nutzt der Mensch, obgleich er über den höchsten Grad an Willensfreiheit verfügt, den weitaus geringsten Teil seiner Erbanlagen. Warum Pflanzen und Tiere besser abschneiden als Menschen, d.h. einen größeren Anteil ihrer DNS nutzen, ist ein bislang sehr wenig beachtetes Phänomen. Dies könnte damit zusammenhängen, das Tiere und noch mehr die Pflanzen einen geringeren Freiheitsgrad haben, ihren Eigenwillen durchzusetzen. Tiere und Pflanzen sind stärker in die kosmischen Harmonie integriert als der Mensch.

Wie kommt diese Aussage, dass 97 Prozent der DNS nicht genutzt würden, zustande und wie sicher ist diese Feststellung?

Zu diesem Ergebnis kamen die Forscher auf dem Gebiet der Genetik, und es findet auch weitgehend Zustimmung. Die Feststellung, dass in der DNS große Teile ungenutzt sind, kann sehr einfach und anschaulich erklärt werden.

Die DNS-Doppelhelix, ist die Gendatenbank, die Summe aller unserer Anlagen. Die Daten werden in einer Sequenz von Basentriplets, welche die Aminosäuren kodieren, verschlüsselt. Eine Sequenz wird mit einem Start-Marker begonnen und mit einem Stopp-Marker beendet. Eine derartige Sequenz stellt ein Gen dar und liefert dem Körper die Informationen für den Aufbau eines Proteins. Wie schon beschrieben, wird die Information für den Aufbau eines Proteins nicht von der Original-DNS im Zellkern ausgelesen, sondern von einer Kopie, die sich außerhalb des Zellkerns befindet. Auf dieser DNS-Kopie sind die gleichen Erbinformationen kodiert, wie auf der originalen Doppelhelix innerhalb des Zellkerns. Auf der Kopie finden sich aber Kodierungen, die nicht eindeutig einer Aminosäure zugeordnet werden können. Weiterhin gibt es lange Strecken, auf denen überhaupt keine Kodierungen vorhanden sind.

Noch interessanter ist die Tatsache, dass es Enzyme gibt, die sich am DNS-Strang entlang bewegen und alle Teile löschen, die nicht eine eindeutige Aminosäuresequenz kodieren. Der wissenschaftliche Forscher findet also einen Datenstrang vor, der weitgehend ohne Informationen ist. Das Verhältnis

der unbeschriebenen Teile der DNS zu den Teilen, die Informationen enthalten, beträgt weitgehend konstant 97 zu 3. Unglaublich: nur drei Prozent des möglichen Informationsspeichers werden genutzt. Ein verschwenderischer Umgang der Natur mit den Ressourcen. Das ist ein Umstand, der so nirgendwo anders auftritt.
Die Wissenschaftler bezeichnen diese leeren Teile als Relikte einer Entwicklung, die nicht mehr benötigt werden. In abfälliger Weise wird auch der Ausdruck Junk-DNS (zu englisch *junk* „Abfall, Müll") verwendet.
Der immer häufiger in der esoterischen Literatur auftretende Hinweis auf zwölf DNS-Stränge, mit denen das Potenzial und das Bewusstsein des Menschen in der nahen Zukunft erweitert werden soll, kann auf der materiellen dreidimensionalen Ebene bis heute noch nicht nachgewiesen werden. Es gibt aber einige Fingerzeige, denen wir nachgehen sollten.

Erweiterung der Doppelhelix

Linus Pauling, der uns im Wettlauf um die Entdeckung der Struktur der DNS schon einmal begegnete, hatte ein konkurrierendes DNS-Modell zu dem von Watson und Crick aufgestellt. Sein Modell bestand aus drei Strängen. Doch Paulings Erkenntnisse und Vorstellungen wurden von der Fachwelt kaum angenommen, sodass Pauling seine Ideen wieder zurückzog und es schließlich aufgab, weiter an der Struktur der DNS zu forschen. War er vielleicht auf dem richtigeren Weg?

Auch auf eine ganz andere Art wurde uns ein Hinweis für die Existenz weiterer DNS-Stränge geliefert: Am 19. August 2001 erschien auf einem Getreidefeld vor den Türen des Radioteleskops von Chibolton ein Kornkreis, der in der Szene für einiges Aufsehen sorgte. Chibolton liegt in England und etwa 30 km östlich von Stonehenge, also mitten im Zentrum der sogenannten Kornkreishochburg. Der Chibolton-Kornkreis scheint eine Antwort intelligenter Geistwesen auf Fragen gewesen zu sein, die von unseren Wissenschaftlern einige Jahre zuvor per Radioteleskopie ins All geschickt worden waren. Die Antworten sind nach meiner Ansicht genuin und echt. In diesem Kornkreis beschreiben uns die fremden Wesenheiten ihren biologischen Lebensaufbau, der bis auf geringe Abweichungen aus den gleichen Elementen und Strukturen besteht, die unseren Körper ausmachen. Eine auffällige Abweichung liegt in der Anzahl der DNS-Stränge, die schematisch abgebildet wurden, deren Anzahl jedoch in dem grobgerasterten Bild im Getreidefeld nicht eindeutig zu erkennen war. Auf jeden Fall zeigte es mehr als eine Doppelhelix.

Weiterhin hat die Kanadierin Aird Kishori in ihrem Buch *Die 13. Helix* berichtet, dass Berrenda Fox vom Avalon Wellness Centre in Mount Shasta (Kalifornien) drei Kinder untersucht hat, deren genetische Struktur aus drei Doppelhelices bestanden haben soll. Die Kinder waren durch außergewöhnliche seelische Fähigkeiten aufgefallen und kommunizierten untereinander telepathisch.

Man sieht deutlich, dass ein größeres DNS-Potenzial sich auf physischer Ebene manifestieren möchte, obgleich eindeutige und gesicherte Fakten für weitere DNS-Stränge auf der physischen Ebene noch fehlen.

Wir können das Thema aber auch von einer geistigen, esoterischen Betrachtungsweise angehen. Der Mensch ist wesentlich mehr als sein physischer Körper. Der Mensch ist ein „unsterbliches“ Geistwesen und hat eine „ewige“ Seele, und doch gibt es auch Talente und Fähigkeiten, die nur einem einzigen Individuum zugeordnet werden. Wo steht etwas über den Lebensplan eines Menschen geschrieben oder über sein Karma? Und wo sind seine Eigenschaften wie Lebensfreude, Wahrhaftigkeit und Mitgefühl aufgezeichnet?

Sabine Skala hat kürzlich in einem Buch interessante Informationen über die DNS mitgeteilt, die sie von der Galaktischen Föderation erhalten hat. Diese Föderation und ihre Funktion sind uns schon bekannt. Ihre Aufgabe besteht anscheinend nicht nur in der Betreuung von erwachten und friedlichen Planeten, sondern sie ist auch bemüht, die Nachzügler zu fördern, damit diese in die Föderation aufgenommen werden können. Nach Skalas Informationen ist nur einer der zwölf

Doppelstränge physisch, während die anderen elf auf den höher schwingenden Dimensionen zu finden sind.
Für weitere Untersuchungen können wir keine naturwissenschaftlichen Methoden verwenden, die nur die Fakten, die mit den fünf Sinnen erfahrbar sind, erforschen. Wir müssen also Quellen verwenden, die Zugriff auf höhere Ebenen haben. Hier gibt es mehrere Autoritäten, wir wollen uns aber vorwiegend auf Jelaila Starr und Lee Carrol konzentrieren. Jelaila ist eine Botschafterin des Planeten Nibiru, und Lee überträgt die Informationen des Geistwesens Kryon. Jelaila ist in Deutschland und auch im übrigen Europa fast völlig unbekannt, während Lee mit großer Entourage schon seit Jahren durch Europa tourt und Säle mit tausenden von Zuhörern füllt.

Die zwölf DNS-Stränge im Einzelnen

In den geistigen Dimensionen wird das Gemeinsame und Verbindende stärker betont als das Trennende und Unterscheidende. Dort sind die anderen DNS-Stränge angesiedelt. Die DNS-Stränge sind nicht – wie bei uns in der dreidimensionalen Welt üblich und erwartet – streng voneinander getrennt. Starr und Carroll geben Definitionen, die sich auf den ersten Blick stark voneinander unterscheiden, dennoch überlappen sich die Bedeutungsinhalte. Bei intensiver Betrachtung erkennt man das Gemeinsame von beiden Definitionsansätzen. *Man könnte auch völlig neue Wörter verwenden, deren Bedeutungsinhalt eigens definiert wird, um die fehlenden Erbanlagen zu bezeichnen. Besonders geeignet zur Wortfindung wäre die jüdische Kabbala, und als Wörterpool nimmt man die 72 Namen Gottes. Diese Idee stammt nicht von mir, sondern sie wurde von anderen erdacht und auch ausgeführt.*

Hier will ich einen anderen Weg gehen. Ich versuche aus den Definitionslisten, von denen es nicht nur die von Jelaila Starr und Lee Carroll gibt, die gemeinsame Essenz für jeden DNS-Strang zu finden, und diese dann in einem guten deutschen Begriff zu übersetzen. Diese Methode ist sehr anfällig für Kritik, aber auf der anderen Seite nützt sie dem spirituellen Sucher mehr bei der Arbeit an seiner Weiterentwicklung. Die Liste (Tabelle 4) ist ein Vorschlag, den man annehmen, aber genau so gut auch ablehnen kann.

Die Zahl Zwölf steht in Übereinstimmung mit den zwölf Dimensionen des kosmischen Bewusstseinsfeldes. Dabei ist die Zahl nicht so ausschlaggebend, denn man kann jede Ebene beliebig unterteilen, auch eine scharfe Trennung, wie wir sie in der dreidimensionalen Welt lieben, gibt es nicht. Die Unterteilung der höheren Schwingungsebenen in zwölf Dimensionen setzt sich immer mehr durch. Einige avantgardistische

Wissenschaftler wie der deutsche Physiker Burkhard Heim kommen zum gleichen Ergebnis.

Diese zwölf Dimensionen kann man auch gemäß den spirituellen Traditionen unterteilen in eine physische, emotionale, geistige und spirituelle Ebene. Jede der vier Ebenen kann weiter unterteilt werde in eine untere, mittlere und obere Ebene. Dadurch ergeben sich wieder die zwölf Dimensionen, denen man die zwölf DNS-Stränge zuordnen kann.

Die zwölf DNS-Stränge

Strang	Ebene	Bezeichnung
1	physisch	Lebenskraft
2	physisch	Lebensziel
3	physisch	Schöpfungskraft
4	emotional	Wohlbefinden
5	emotional	Lebensfreude
6	emotional	Wahrhaftigkeit
7	geistig	Ordnung
8	geistig	Weisheit
9	geistig	Harmonie
10	spirituell	Bewusstsein
11	spirituell	Mitgefühl
12	spirituell	Bedingungslose Liebe

Tabelle 4

Die zwölf DNS-Stränge kann man folgendermaßen definieren:

1. Lebenskraft

Dieser Strang ist die Erbanlage, die uns die Kraft gibt, unser physisches Leben zu meistern. Nur dieser Strang ist die „eigentliche", die grobstofflich erkennbare DNS, die von der Wissenschaft erforscht werden kann.

2. Lebensziel

In dieser Anlage ist die Lebensaufgabe oder auch die Lektionen, die in dieser Inkarnation zu lernen sind, beschrieben. Immer wieder machen wir die gleichen Fehler, und Erfolge wechseln sich mit Misserfolgen ab. Daher sind wir zur ständigen Wiederholung der Lernaufgabe gezwungen.

3. Schöpferkraft

Unsere Kraft und Macht, nicht nur uns selbst zu erhalten, sondern auch neues Leben zu zeugen oder etwas durch unseren Geist und unsere Fähigkeiten zu erschaffen, ist in dieser Anlage festgelegt.

4. Wohlbefinden

Hier beginnt die emotionale Ebene, auf der diejenigen Anlagen zu finden sind, die uns die Fähigkeit verleihen, unsere Gefühle und unser Leben zu kontrollieren.

Am deutlichsten zeigt sich diese Fähigkeit darin, ob wir die Ursachen unserer Krankheiten heilen und richtig gesund werden können oder ob wir uns mit Symptombehandlungen zufrieden geben.

5. Lebensfreude

Diese ist nicht nur anhand unserer jeweiligen Gefühlslage zu ermitteln, sondern sie sollte auch auf geistige Ursachen zurückgeführt werden. Begründet sich Lebensfreude auf geistige Ursachen, ist sie beständiger, kontrollierbarer und nachhaltiger.

6. Wahrhaftigkeit

Dies ist die Fähigkeit, mit der Wahrheit umgehen zu können. Wenn dies vollkommen gelingt, kann der nächste Schritt erfolgen, der auf die geistige Ebene führt.

7. Ordnung

Hiermit beginnt die erste der drei geistigen Ebenen. Ordnung benötigt Übersicht, Einsicht, und Umsicht, also Sichtweisen, die auf Klarheit abzielen.

8. Weisheit

Weisheit liegt vor, wenn ein umfangreicher Fundus an Wissen erarbeitet und praktisch erlebt wurde.

9. Harmonie

Harmonie ist die höchste Ausdrucksform von Ordnung und Weisheit. Mit ihr stehen auch die Türen zur Ebene der Spiritualität offen.

10. Bewusstsein

Hohe spirituelle Fähigkeiten bedingen auch ein hohes Bewusstsein. In manchen Traditionen wird diese Ebene auch als die Kausalebene bezeichnet. Mit Bewusstsein schafft man Realität – die birgt, wenn jeder Gedanke sich in Realität verwandeln lässt, Gefahren.

11. Mitgefühl

Ist diese Ebene erreicht, so kann man nicht mehr einfach wegsehen, sondern übernimmt Verantwortung – jedoch im Sinne von Mit-Empfinden und nicht von Mit-Leiden, denn dies würde zu Kraftverlust und Schädigung führen.

12. Bedingungslose Liebe

Die oberste und höchste der zwölf Anlagen, ist auf dem Planeten Erde bedingt durch missbräuchlich betriebene Machtspiele nur sehr schwer zu erreichen. Das war auch nicht im ursprünglichen Plan vorgesehen. Die Entwicklung des Mitgefühls wäre schon völlig ausreichend, um das Ziel zu erreichen.

Wenn Sie die obere Liste der Struktur ihrer Anlagen aufmerksam gelesen haben, könnten Sie auf den Gedanken kommen, das wäre nichts Neues und das sei Ihnen schon bekannt. Das ist richtig und auch gut so, denn schlimm wäre es, wenn dies alles neu und fremdartig für Sie wäre. Seien Sie froh: Sie haben schon einen langen Reifungsweg hinter sich und stehen kurz vor der Vollendung.

Der Vorgang der Aktivierung

Sämtliche der zwölf DNS-Stränge können aktiviert werden. Ein aktivierter Strang wirkt stimulierend auf die Chakren. Das wiederum ist förderlich für das endokrine System des Menschen. Dieses befindet sich schon seit geraumer Zeiten auf einem sehr niedrigen Niveau, auf einem so niedrigen Niveau, dass es nicht mehr weiter heruntergefahren werden dürfte, ohne irreparable Schäden für unsere Gesundheit zu verursachen.
Da wir Menschen nichts anderes kennen, ist uns dies nicht bewusst. Die Erhaltung unserer Existenz absorbiert all unsere Kräfte, sodass wir es häufig schon gar nicht mehr bemerken, wenn wir unsere letzten Reserven aufbrauchen.
Chakren sind die Energiezentren des Menschen und stellen eine Verbindungsstelle zwischen den feinstofflichen Energien der höheren Schwingungsebenen und unserem grobstoff-

lichen Körper dar. Die Chakren erfüllen diese Schnittstellenfunktionen, indem sie die Drüsen anregen, die wiederum dem Körper Impulse weitergeben. Jedem der sieben Chakren ist eine Drüse zugeordnet, die in der letzten Spalte „endokrines System“ in der Tabelle 5 aufgeführt sind.

Die Stimulierung der Chakren aus den höheren Schwingungsebenen geschieht durch die DNS-Stränge. Dies kann man sich so vorstellen, dass jeder DNS-Strang, der aktiviert ist, auf jedes der sieben Chakren einwirkt, und zwar in dem Umfang und der Intensität, die seiner Aktivierung entspricht.

Das Chakren-System

Nummer	Name	Funktion	endokrines System
7. Chakra	Scheitel	Spiritualität	Epiphyse
6. Chakra	Stirn	Intuition	Hypophyse
5. Chakra	Hals	Kommunikation	Schilddrüse
4. Chakra	Herz	Liebe	Thymusdrüse
3. Chakra	Nabel	Gefühl	Bauchspeicheldrüse
2. Chakra	Sakral	Sexualität	Keimdrüsen
1. Chakra	Wurzel	Lebenskraft	Nebennieren

Tabelle 5

Hier nun an einem Beispiel durchgespielt, wie der erste DNS-Strang die sieben Chakren stimuliert und welche Wirkung dies hervorruft:

- Die Lebenskraft energetisiert das Scheitel-Chakra, sodass die Epiphyse angeregt und die Spiritualität oder die auf Erden gelebte Religiosität im praktischen Alltag besser zum Tragen kommt. Der Ausdruck Lebenskraft ist hier und in den weiteren Abschnitten nicht in seiner allgemeinen Bedeutung zu verstehen, sondern bezieht sich konkret auf den ersten DNS-Strang.
- Wenn die Lebenskraft auf das Stirn-Chakra einwirkt, stehen uns durch verstärkte Aktivität der Hypophyse genügend Ideen und Kreativität zur Verfügung, um unser Leben zu gestalten.
- Die Auswirkung der Lebenskraft auf das Hals-Chakra verleiht uns eine ausdruckstarke Stimme und lässt unsere Worte überzeugend wirken. Die Schilddrüse hat infolge optimaler Versorgung weder eine Über- noch eine Unterfunktion.
- Gesteigerte Energetisierung im Herzen stoppt das Schrumpfen der Thymusdrüse und lässt uns wieder mit mehr Lust und Freude am täglichen Leben teilnehmen.
- Die DNS als Lebenskraft stärkt über das Nabelchakra die Bauchspeicheldrüse und schenkt uns gesteigerte Empfindungs- und Gefühlswahrnehmungen. Wir können wieder

Erlebnisse genießen, die mit der Zeit fade und schal geworden waren.

- Das Sakral-Chakra stimuliert die Keimdrüsen und somit die Libido, sodass die Frühlingsgefühle wiederkehren und die Freude an Sexualität wieder auflebt.
- Lebenskraft, die Hand in Hand mit freudigem Gestalten und Schaffen einhergeht, wird über das Wurzel-Chakra gesteuert.

Die anderen elf DNS-Stränge kann man sich analog vorstellen, ein gedankliches Durchspielen dieser Fälle wäre eine gute Übung, um sein eigenes zukünftiges Potenzial zu programmieren.

Den Grad der Aktivierung der DNS kann man sogar messen und anschaulich aufzeichnen. Zu diesem Zweck befindet sich im Anhang ein Formularblatt (Anlage 2). Für die Verbindungspunkte von jedem Chakra mit jedem der zwölf DNS-Stränge gibt es ein Feld (7 mal 12 = 84 Felder). In jedem Feld vermerken Sie, ob die Aktivierung stattgefunden hat (mit „Ja“) oder nicht (mit „Nein“). Sie können aber auch noch weiter ins Detail gehen, indem Sie den Prozentsatz eintragen, der Ihrer Meinung nach den Grad der Aktivierung ausdrückt.
Bei Ihrem Test stellen Sie sich für jedes Feld einzeln die Frage nach dem Grad der Aktivierung, und warten Sie auf eine

Antwort aus Ihrem Inneren. Wenn Sie mit dieser Vorgehensweise noch nicht vertraut genug sind, benutzen Sie eines der klassischen Hilfsmittel wie das Pendel, den Tensor oder den kinesiologischen Muskel-Test.
Anhand dieser Aktivierungs-Matrix können Sie das Ausmaß der Aktivierung der DNS erkennen und Ihre Fortschritte durch eine Wiederholung des Testes überprüfen.

Folgen einer komplett aktivierten DNS

Die Aktivierung der DNS wird in der vor uns liegenden Wendezeit ein wichtiges Thema sein. Was ist denn zur Wendezeit oder auch Zeitenwende zu erwarten, die man kollektiv auf das Jahr 2012 festgelegt hat? Zunächst ist darauf hinzuweisen, dass dieses Jahr eine Art Kulminationspunkt eines langen Prozesses darstellt, denn der eigentliche Wandel ist schon seit einigen Jahren in vollem Gange. Der Prozess wird auch im Jahr 2012 nicht gleich abgeschlossen sein, sondern noch einige Jahre weitergehen. Allerdings werden wir im Jahr 2012 die Richtung der Entwicklung sehr viel deutlicher sehen können.
Das Ausmaß der Veränderung wird man erst im Rückblick erkennen. Wer allerdings bislang noch nicht gemerkt hat, dass wir uns in einem einmalig gigantischen Veränderungsprozess

befinden, wird auch im Jahre 2012 nichts erkennen. Wir leben alle in der gleichen Welt, die Wahrnehmung der Ereignisse hängt jedoch vom Bewusstsein eines jeden ab.

Nun aber konkret zu den kommenden Ereignissen: Es wird unzählige Untergänge und Zusammenbrüche geben, die aber nicht schlimm sind, sondern sogar als gut angesehen werden können. Es wird bei jedem Menschen ein anderer Anteil infrage gestellt werden, und zwar derjenige Teil, der unecht, falsch und auf Illusionen aufgebaut ist. Wenn falsche Vorstellungen und Erwartungen zusammenbrechen, ist dies vom individuellen Standpunkt aus gesehen sehr leidvoll und schmerzlich, das Kollektiv wird aber davon kaum etwas bemerken.

Wir wollen jedoch die negativen Seiten nicht zu intensiv ausmalen, sondern das morphogenetische Feld besser mit aufbauenden und positiven Vorstellungen anreichern. Da die Tendenz zur Manifestation unserer Gedanken permanent zunimmt, würden wir uns sonst Situationen erschaffen, die wir absolut nicht wollen.

In vielen esoterischen Kreisen spricht man in Bezug auf die Zeitenwende von einem Aufstieg der Erde und all ihrer Lebewesen von der dritten in die vierte Dimension, die Astralebene, und dann gleich weiter in die fünfte Dimension, die Mentalebene. An diesem Aufstiegsprozess ist nichts Besonderes, denn er entspricht dem ganz gewöhnlichen Vorgang nach dem Tode. Somit haben wir ihn vermutlich schon viele Male durchlebt.

Meiner Meinung nach geschieht in Wirklichkeit etwas anderes: Wir werden in der dritten Dimension bleiben, aber mit einer deutlich aktiveren DNS. Durch die Aktivierung haben wir einen besseren Zugang zu höheren Schwingungsebenen, und damit zu den dort beheimateten Wesen und den dort bestehenden Ideen und Informationen. Der Mensch wird im wahrsten Sinne ein multidimensionales Wesen.

Diese Transformation wird nicht für jeden Menschen zum gleichen Ziel führen. Es wird sogar zu großen Unterschieden kommen. Menschen, die bis dahin ihre überholten und falschen Vorstellungs- oder Verhaltensmuster nicht aufgegeben haben, werden von ihren Mitmenschen durchschaut und isoliert. Machtmissbrauch und Machtmanipulation werden nicht mehr möglich sein. Wenn die Wahrheit ans Licht kommt, ist sie nicht mehr aufzuhalten.

Uns allen ist die Zahl 666 aus der Offenbarung des Johannes von Patmos, des letzten Buches der Heiligen Schrift, bekannt. Um diese Zahl ranken sich mit Recht oder Unrecht zahlreiche Verschwörungstheorien. Wörtlich in der Offenbarung steht dazu in Kapitel 13, Vers 18 geschrieben: „Hier ist Weisheit! Wer Verstand hat, der überlege die Zahl des Tieres; denn es ist die Zahl eines Menschen, und seine Zahl ist 666."

Diese Bibelstelle wird dahingehend interpretiert, das sie die Menschheit vor der Unterdrückung und Versklavung in der Endzeit warnt. Ist es nicht gerade umgekehrt, dass die Inhaber der Macht sich durch das Erwachen der Menschen bedroht fühlen wie die folgende numerologische Interpretation zeigt? Die folgende numerologische Interpretation stammt von Kryon, einem Geistwesen, das von Lee Carroll gechannelt wird. Auf der Summer Light Conference vom Mt. Shasta, Kalifornien im Jahre 2006 teilte Lee Carroll den Zuhörern mit: Der zu seiner vollen Multidimensionalität erwachte Mensch wird auch mit der Zahl 666 kabbalistisch beschrieben. Die Quersumme von 1, 2 und 3, den ersten drei DNS-Strängen, ist die erste Sechs. Die Quersumme von 4, 5 und 6, den nächsten drei DNS-Strängen, ergibt die zweite Sechs. Und die Quersumme von 7, 8 und 9 ergibt die dritte Sechs. Addiert man ferner 10, 11 und die 12, also die DNS-Stränge der spirituellen Ebene, erhält man 33, und dies ist die Meister- oder Christuszahl. Die Meisterzahl 33 mit 666 ist der erwachte Gott im Menschen oder auch der Mensch als Gott.

Beitrag des Menschen zur Aktivierung der DNS

Nur drei Prozent unserer DNS ist kodiert und kann aktiviert und genutzt werden. Dabei sollte man nicht vergessen, dass dies nur der erste DNS-Strang ist, den wir als „Lebenskraft" bezeichnet haben. Nur dieser Teil wird von den Wissenschaftlern untersucht und mithilfe der Gentechnik zu manipulieren versucht. Sowohl die restlichen 97 Prozent als auch die anderen elf DNS-Stränge der höheren Schwingungsebenen sind völlig unberührt und unbetroffen von Beeinflussungsversuchen aus der materiellen Ebene.

Die Frage, ob die DNS der geistigen Ebene sich als ein weiterer Strang in der physikalischen Ebene ausprägen wird oder ob die ungenutzten Teile der DNS eine Platzhalterfunktion für eine zukünftige Nutzung einnehmen, kann man heute noch nicht beantworten. Es könnte auch sein, das die geistigen Anteile immer in den geistigen Ebenen angesiedelt bleiben, um sie so vor Missbrauch zu schützen. Das sind alles Spekulationen, die man nicht zu weit treiben sollte.

Es gibt aber für uns Menschen einen wunderbaren Weg, unsere gesamte DNS zu entwickeln und zu aktivieren. Ein Weg, der in dieser Form und in vielen Varianten von jeder seriösen spirituellen Tradition gelehrt wird. Der Weg der Liebe. Es muss nicht gleich die bedingungslose Liebe sein, es reicht schon der Weg des Mitempfindens. Hier ein ganz praktischer und leicht nachvollziehbarer Weg, vorgeschlagen von Jelaila Starr.

Aktivierung über den Weg des Mitempfindens

Als grundsätzliche Voraussetzung sollten wir akzeptieren, dass jede Konfliktsituation mit einer anderen Person, die wir erleben, nicht durch Zufall entsteht, sondern dass es sich um eine für uns genau vorherbestimmte Lernsituation handelt.
Wir müssen nicht unbedingt so weit gehen, unsere Feinde zu lieben, wie die Bibel es fordert, denn diese Forderung ist derart hochgesteckt, dass sie wohl von kaum jemandem realisiert werden kann. Ein weniger idealisiertes Ziel kann sehr viel leichter in die Tat umgesetzt werden. Der Weg des Mitempfindens mit dem Gegenüber könnte beispielsweise zur Lösung einiger Konflikte und zur Bewusstwerdung schon ausreichen. Bei diesem Minimalziel geht es lediglich um das Mitempfinden mit den Sorgen, Nöten und Problemen unseres Partners oder Kontrahenten, jedoch ohne mitzuleiden. Denn im Mitleiden verlieren wir unsere Energie und können anderen weniger helfen. Reifes Mitempfinden erweitert unseren Gefühlshorizont, sodass wir beginnen, unseren Konfliktpartner zu verstehen und zu würdigen.
Der Weg des Mitempfindens, wie er von Jelaila Starr genannt wird, besteht aus den folgenden acht Schritten. Dieses Prozedere sollte man für jede Person, mit der man einen Konflikt hat oder hatte, durcharbeiten. Er kann auch öfters wiederholt werden, und zwar so lange, bis keine negativen Restgefüh-

le mehr vorhanden sind. Durch diese in der Theorie einfach klingende, aber in der Praxis schwierig auszuführende Übung können wir die Aktivierung schnell und effizient erreichen.

1. Schritt: Die Lektion
Unser höheres Selbst und unsere Geistführer bringen uns in Konfliktsituationen, durch die wir bestimmte Lektionen lernen, mit deren Inhalt wir ohne diese Konflikte nie konfrontiert worden wären.

2. Schritt: Die Vereinbarung
Die Konfliktsituationen – oder besser gesagt, Lernaufgaben – wurden uns nicht von einer übergeordneten Stelle aus auferlegt, sondern wir selbst haben uns diese Personen ausgewählt, die diese schwierige Aufgabe auf sich genommen haben, um uns zu helfen. Mit diesen Helfern haben wir gleichsam einen Vertrag abgeschlossen.

3. Schritt: Die Rolle der anderen Person
In der Zwischenebene, in der Zeit zwischen zwei Inkarnationen, haben wir die Rolle, welche der Partner uns gegenüber in der dreidimensionalen Ebene spielen soll, ausführlich besprochen, und von uns beiden ist diese akzeptiert worden.

4. Schritt: Die gespiegelten Eigenschaften

Unser Kontrahent, der in Wirklichkeit ein liebevoller Helfer ist, spielt seine Rolle in der Art und Weise, dass wir unsere eigenen Fehler im anderen erkennen können. Wenn nötig, kann sein Verhalten für uns abstoßend sein. Dabei riskiert er den Verlust unserer Sympathie, nur um uns unsere eigenen Fehler zu spiegeln.

5. Schritt: Das erhaltene Geschenk

Die Rolle, die unser Helfer spielt, ist ein riesiges Geschenk für uns, obgleich wir es häufig nicht als solches erkennen. In unserer Analyse sollten wir uns zu der Einsicht durchringen, welch großes Geschenk wir von unserem Helfer erhalten haben.

6. Schritt: Die Annahme

An diesem Punkt wäre die Annahme des Geschenkes angesagt, und zwar mit einer echten, von Herzen kommenden Dankbarkeit.

7. Schritt: Loslassen

Den Ärger, den mir die Person bzw. Situation eingebracht hat, kann ich nun vollkommen aufgegeben. Die Freude über einen so großartigen Freund und Helfer, der für uns eine schwierige Rolle übernommen hat, sollte nun überwiegen.

8. Schritt: Vergebung
Der Groll auf die Person oder der Frust hinsichtlich der Situation ist nun wirklich nicht mehr vorhanden, stattdessen können wir aus tiefstem Herzen vergeben.

Abschluss des jetzigen Entwicklungszyklus

Von außen betrachtet wirkt die Geschichte der Menschheit wie das mühselige und fast aussichtslose Ringen, eine Verbesserung der Lebensumstände zu erreichen. Die genetische Ausstattung der meisten Menschen reicht nicht aus, um im Existenzkampf ohne größere Blessuren zu bestehen. Der Entwicklungsbiologe Darwin und auch der Nationalökonom Malthus hatten eine im Grunde pessimistische Weltsicht und räumten nur dem „Allerfittesten", den am besten Angepassten, eine Überlebenschance ein.
Viele Menschen, und nicht zuletzt die spirituell orientierten, verzweifeln angesichts der Unterdrückung und Ungerechtigkeit, die auf unserem Planeten Erde herrscht. Die Frage nach dem Warum und Wozu wird überall gestellt und die Antworten, die man hört, sind allesamt unbefriedigend. Die klassischen Instanzen wie Religion und Wissenschaft scheinen keine Lösungen zu finden und ihre Autorität einzubüßen.

Wir brauchen eine Antwort auf die Frage, warum die Situation so desolat ist und was wir zu ihrer Lösung beitragen können. Eine Möglichkeit könnte in der Integration der Polaritäten durch die bereits erwähnte Erlangung von Mitgefühl liegen. Die Antwort auf den ersten Teil der Frage, also nach der Ursache für die jetzige desolate Situation, haben wir im Grunde mit den mythologischen Berichten über die Entstehungsgeschichte des Menschen im zweiten Teil dieses Buches geben. Die Zielsetzung dieses kosmischen Spieles lag in der Stimulierung des Fortschrittes, also darin, einen Bewusstwerdungsprozess anzustoßen. Das Ziel des Spieles besteht nicht in der Ermittlung eines Siegers, der den anderen erledigen sollte. Nein, ganz im Gegenteil, die Gruppe der dunklen und die Gruppe der lichten Mitstreiter sollten lernen, sich durch Mitgefühl gegenseitig zu achten und zu respektieren. Der Name des Spiels war „Integration der Polaritäten".
Haben wir dieses Spiel mit Erfolg gespielt? Meine Antwort ist: Ja! In ganz kurzer Zeit werden Sie wissen, ob mein Tipp richtig war.

Nachwort

Das Thema DNS ist so umfangreich, dass es in so einem kleinen Büchlein kaum ausreichend besprochen werden kann. Es ist auch nicht mein Bestreben, Ihnen erschöpfende und endgültige Antworten auf alle Fragen zu geben. Dies ist auch kaum möglich, da wir in den nächsten Jahren im Zusammenhang mit der Transformation einen großen Wissenszuwachs bezüglich unserer DNS erfahren werden. Auch unsere DNS wird sich stark verändern. Wenn dieses Buch Ihr Interesse an diesem Thema geweckt hat, bin ich schon sehr zufrieden.
Um mit Ihnen im Kontakt zu bleiben, habe ich die Webseite www.12x7.info eingerichtet. Den Namen können Sie sich gut merken: Es gibt 12 DNS-Stränge, die auf die 7 Chakren einwirken (weswegen wir 12 mal 7, also 84 Aktivierungspunkte haben).
Auf der Webseite erfahren Sie die letzten Neuigkeiten und können einen Newsletter abonnieren. Auf eine Nachricht von Ihnen freue ich mich schon!

Peter Ruppel
im Juni 2010
www.12x7.info

Genealogie der AN.UNNA.KI

AN oo **Dramin** (Nimul, Drachenkönigin)

↳ **En.ki** (Ptah, Elohim, Jehova)

↳ **Marduk**

↳ **Du.muz** (Osiris)

↳ **Ningiszida** (Thot, Hermes Trismegistos, Merkur, Kukulkan, Quetzalcoatl)

↳ **Ziusudra** (Noah, Uranos, Jupiter)

↳ **Adapa** (Adam, erster Homo Sapiens, durch genetische Eingriffe entstanden, Mutter Ninhursag)

↳ xxx

AN oo **AN.TU** (Halbschwester von AN, reine Blutlinie der Hominiden von der Lyra)

↳ **EN.LIL**

↳ **Sin** (Ninnurta)

↳ **NAN.NAR**

↳ **IN.AN.NA** (Isis, Ishtar, Venus, Aphrodite)

↳ xxx

↳ **Gilgamesch**

AN oo **Rayshondra** (Gen-Expertin von den Plejaden, mit hybrider Erbsubstanz der Leoniden und Vogelmenschen aus einer anderen Galaxie)

↳ **Nin.hur.sag** (Ninma, Ninki)

[oo = „verheirat mit"; ↳ = „Nachkomme"]

[reine Blutlinie in Großbuchstaben]

Anlage 1 (vgl. Kapitel 5, Seite 51 ff.)

Testbogen zur Aktivierung der DNS

		7. Scheitel-Chakra	6. Stirn-Chakra	5. Hals-Chakra	4. Herz-Chakra	3. Nabel-Chakra	2. Sakral-Chakra	1. Wurzel-Chakra
Spirituelle Ebene	Lebenskraft							
	Lebensziel							
	Schöpfungskraft							
Geistige Ebene	Wohlbefinden							
	Lebensfreude							
	Wahrhaftigkeit							
Emotionale Ebene	Ordnung							
	Weisheit							
	Harmonie							
Physische Ebene	Bewusstsein							
	Mitgefühl							
	Göttliche Liebe							

Anlage 2

Literaturhinweise

- Black, Jeremy & Green, Anthony: *An illustrated Dictionary. Gods, Demons and Symbols of Ancient Mesopotamia.* London: 1992.
- Boulay, R. A.: *Flying Serpants and Dragons. The Story of Mankind´s Reptilian Past.* Escondido, California: 1999.
- Bramley, William: *Die Götter von Eden.* Burggen: 1990.
- Buttlar, Johannes v.: *Leben auf dem Mars. Die Entdeckung der NASA-Viking-Mission.* München: 1989.
- Clow, Barbara Hand: *Plejadisches Kursbuch. Fahrplan für das Zeitalter des Lichts.* München: 1997.
- Essene, Virginia & Nidle, Sheldon: *Nachricht vom Sirius. Der Photonen Ring.* Seeon: 1996.
- Essene, Virginia & Nidle, Sheldon: *Nachricht vom Sirius. Der Photonen Ring, Update.* Seeon: 1997.
- Ferguson, V. S.: *Inannas Rückkehr. Die Götter der Plejaden im neuen Licht.* Saarbrücken: 1997.
- Frissell, Bob: *Zurück in die Zukunft. Die Mer-Ka-Ba: Ein Schlüssel zur 4. Dimension.* Peiting: 1995.
- Frissell, Bob: *Die Wurzeln der Zukunft.* Peiting: 2000.
- Geise, Gernot L.: *Wir Außerirdischen.* Hohenpeißenberg: 2008.
- Geise, Gernot L.: *Der Ursprung des Menschen. Die Spur führt zum Mars.* Hohenpeißenberg: 2002.
- George, Michael: *Das Licht Gottes versagt nie! Meister St. Germain, Nesara und die Große Transformation.* Seeon: 2003.
- George, Michael: *Die Himmlischen und ihre Kinder. Die Geschichte der Götter und Menschen auf Erden.* Marktoberdorf: 2001.

- Heim, Burkhard: *Vorträge: Physik, Kosmologie und Leben.* Veden-Akademie, Berlin: DVD.
- Hoagland, Richard C.: *Die Mars Connection. Monumente am Rande der Ewigkeit.* Essen: 1994.
- Horn, Arthur David: *Götter gaben uns die Gene. Die außerirdischen Ursprünge der Menschheit.* Güllesheim: 1997.
- Katholische Bibelanstalt: *Einheitsübersetzung der Heiligen Schrift.* Stuttgart: 1980.
- Kishori, Aird: *Die 13. Helix. Ein Praxisbuch zur Erweckung unseres verlorenen Gens.* Güllesheim: 2010.
- Marciniak, Barbara: *Boten des neuen Morgens. Lehren von den Plejaden.* Darmstadt: 2009.
- Marciniak, Barbara: *Plejadische Schlüssel zum Wissen der Erde.* Darmstadt: 2009.
- Melchizedek, Drunvalo: *Die Blume des Lebens. Band I und II.* Burgrain: 2002.
- N. N.: *DNA from the Beginning. Tutorial.* http://www.dnaftb.org
- Nüsslein-Volhard, Christiane: *Das Werden des Lebens. Wie Gene die Entwicklung steuern.* München: 2004.
- Roden Robinson, Tara: *Genetik für Dummies.* Weinheim: 2006.
- Royal, Lyssa & Priest, Keith: *Sternensaat. Das galaktische Erbe der Menschheit.* Weilersbach: 1993.
- Royal, Lyssa & Priest, Keith: *Besucher von Innen.* Weilersbach: 1993.
- Ruppel, Peter: *MAYA 2012. Geheimes Wissen und Prophetie.* Darmstadt: 2008.
- Ruppel, Peter: *Überlebenskodex für die Wendezeit 2012.* Darmstadt: 2009.

- Schmieke, Marcus: *Quantenphysik, Schlüssel zum neuen Denken.* Veden-Akademie, Berlin: DVD.
- Schmieke, Marcus: *Physik für das 3. Jahrtausend.* Veden-Akademie, Berlin: DVD.
- Sitchin, Zecharia: *Götter – Mythen – Kulturen – Pyramiden. Die Suche nach der Unsterblichkeit.* München: 1990.
- Sitchin, Zecharia: *... und die Anunnaki schufen den Menschen. Legenden, Mythen und Wirklichkeit.* Essen: 1995.
- Sitchin, Zecharia: *Am Anfang war der Fortschritt. Beweis für Existenz moderner Technologie und Raumfahrt in vorgeschichtlicher Zeit.* München: 1991.
- Sitchin, Zecharia: *Das erste Zeitalter. Wie die Anunnaki die Entwicklung des Menschen beeinflussten.* München: 1994.
- Sitchin, Zecharia: *Der zwölfte Planet. Wann, wo, wie die Astronauten eines anderen Planeten zur Erde kamen und den Homa Sapiens schufen.* München: 1989.
- Sitchin, Zecharia: *Die Kriege der Menschen und der Götter. Wie die Anunnaki von einem anderen Stern kamen, um Gold zu suchen, und den Menschen schufen.* München: 1991.
- Sitchin, Zecharia: *Der kosmische Code. Das Wissen der Götter enthüllt.* Rottenburg: 2000.
- Skala, Sabine: *DNA – die lichtvolle Spirale in uns. Kosmische Informationen der Galaktischen Föderation.* Woldert: 2009.
- Starr, Jelaila: *We are the Nibiruans. Return of the 12th Planet.* Columbus, North Carolina: 1999.
- Temple, Robert K. G.: *Das Sirius Rätsel.* München: 1979.
- Velikovsky, Immanuel: *Welten im Zusammenstoß.* Frankfurt am Main: 1978.